# 房仲高手
# 雲端行銷

## 運用網路科技
## 創造千萬收入
## APP虛實大整合

《千萬年薪的房仲高手》《房仲高手成交關鍵》
暢銷書作家・房市專家 施亮州◎著

最新房仲商業獲利模式大公開
App應用範例實務

# 自序

　　房仲業法令趨嚴，業務面臨變革，行銷整合匯集時代來臨，房仲業如何提供更好服務於買賣方，擅用「資源整合者」才能稱霸市場。

　　登載報紙廣告的傳統模式，是否還符合購屋人參考需求？這是近年來的大轉變，因此砸了好幾萬元刊登售屋廣告，恐怕只為了搏版面和拼知名度的功能吧。假使店東及經紀人還在思考不刊登廣告怕錯失機會，登了又擔心沒效果，陷入兩難情結，其實這是透露出，該房仲業根本沒發覺，消費者的購屋行為模式已經在轉變。

　　房仲業要升級，必先了解打的第一仗將是「資訊戰」，即時將正確訊息傳遞，將主宰決定成交的速度。第二仗是「雲端科技戰」，需憑藉網路以及行動裝置才能發揮效用。因此，智慧型手機與平板電腦便成為房仲經紀人的標準配備。第三仗是「守法戰」，因應法令趨嚴，違法不得，業務廣告模式勢必要改變，同時亦能兼顧客製化，成為精準行銷。

　　房仲經紀人自我定位有二，一是資訊提供者，二是平台通路商。能真正為鄰里商家共創商機，大小事都要無所

不知、竭盡所能，並以「助人找到好居」為樂。

只要你作好萬全準備，積極面對挑戰，必然成功擁有自己的一片天。

施亮州

2014-2-1

# 目錄

# 第四章　運用雲端科技，銷售無往不利

# 第五章　新時代房仲需要知道的事

# 第一章

## 如何透過網路
## 找到屋主與買方

# 為什麼要成為行動經紀人？

　　個人資料保護法啟動後，房仲業者不得再任意蒐集或運用客戶資料，此法令衝擊許多業務人員，過去透過不同關係所建立的名單，將無法繼續再使用，要如何讓客戶主動上門，成為當下最重要的課題。綜觀目前市場環境，如果持續使用舊方法來從事房仲經紀人，客戶將會越來越少，所以新時代的房仲經紀人一定要懂得如何運用網路科技與行動科技，來經營自己的客戶群。

　　到大陸去參訪的時候，在展覽會場拿到廠商的DM，上面寫了一段話：「**錯過了電子商務，你只是少做生意；錯過了移動電子商務，你將無生意可做**」。被這段話深深震撼到，沒錯！如果現在還繼續停留在過去的經營思維，那麼未來不是客戶變少的問題，而是沒有客戶的問題。同時，這段話跟我近年來一直提倡「行動經紀人」或「雲端經紀人」的概念，簡直是不謀而合，看到有些房仲經紀人，還在用過去的思維在做行銷、做推銷，都會替他們擔憂。

　　有些房仲經紀人很優秀，看到網路行銷的商機，開始自己架設網站，接著滿心期待客戶自己送上門。但必須要說：這樣的思想也已經落伍了！實際的狀況是：網路上有

一堆形同廢墟的網站！根本沒有人要瀏覽。很多人架了網站，卻沒定期維護、沒有預算購買關鍵字或做廣告行銷，這樣網站能見度怎麼會夠呢？再者，花了錢必定會有保證的效益嗎？未必！這些狀況都沒有考量進來，當然無法做好網路行銷。

## 我們要如何以小博大呢？

首先我們要知道，雖然「網路行銷」僅是銷售通路的一環，但近年在行銷通路的地位上，有著越來越重要的份量，特別在房仲業界，網路已是必經營的重要通路。網路行銷對於房仲業來說，已經越來越重要了！房仲經紀人在網路行銷的經營重點除了售屋行銷外，還必須要包括個人行銷，這樣才是完整的網路行銷策略！

### 傳統行銷與網路行銷比較表

| 類別 | 傳統行銷 | 網路行銷 |
|---|---|---|
| 費用 | 高 | 低 |
| 工具 | 紙張、DM、文案 | 網站、電腦、平板電腦、手機 |
| 便利性 | 低，需要許多不同的資料 | 高，只要平板、手機跟契約書 |
| 環保性 | 低，製造許多不必要的汙染 | 高，可以重複使用 |
| 機動性 | 低，如果客戶需要其他資料，就要另外再列印準備 | 高，馬上可以從網站得到資訊，提供客戶獲得即時資訊 |

　　為什麼一定要成為行動經紀人呢？最重要的關鍵在於速度。「行銷，速度決定一切！」當你不能夠提供即時、快速的資訊給客戶的時候，客戶就會轉到別的房仲業者，你認為客戶會再回來嗎？當然不可能！由此可以知道，未來想要繼續在房仲業界生存，就要讓自己轉型成行動經紀人。

　　當你成為行動經紀人的時候，就可以把所有的資訊都放在雲端網路上，只要有平板電腦、手機，就可以隨時取得資料。當客戶有問題，需要更多資訊，或是要了解附近有沒有其他房子時，就不用回到辦公室拿取書面資料，可以透過平板電腦、手機直接「秀」給客戶看，對方也就容易感受到你的專業與熱誠，進而取得客戶的信任。而信任，正是銷售成功的重要關鍵！

　　必須成為行動經紀人的第二個重要原因，就是銷售自己，建立客戶的信任感。銷售不只是要把產品賣出去，更重要是先把自己賣出去，讓客戶認同、接受你。常碰到一些業務在說：產品賣不出去，都是房子的問題、客戶的問題。這樣的想法真的是大錯特錯！試想，客戶在還沒有信任你之前，會願意跟你交易嗎？當然不會！因為買賣房子不是幾十塊、幾百塊的生意，而是幾百萬、幾千萬、上億元的案子。銷售就是這麼一件好玩的事情，客人到底是在

買人情？還是在買產品？應該是說買產品也在買人情吧！尤其房地產是動輒上百萬、上千萬金額的產品，要買賣交易當然要找可以信賴的對象。

透過行動網路，你可以在網路上開始累積人氣，創造知名度。當有了知名度，就會有信任感。想想看，為什麼只要網路上知名部落客推薦的美食，往往都會成為熱門名店？因為網友對部落客有信任，當然就會信任他所推薦的商家。同樣的狀況，當你在網路上建立自己的知名度，就容易產生信任度，當然客戶就容易找上你。吾常說：「人對了，產品自然就容易成交」；在銷售業界 20 幾年當中，觀察到一個重要現象：產品對了，人不對，還是有可能不會成交；產品不對，人對了，還是有機會成交！這就是行銷有趣的「潛規則」。

## 捕龍蝦故事

很多人開始進行網路行銷的時候，都覺得千頭萬緒，不知道要怎樣開始。特別是房仲經紀人，需要了解的資訊、知識、法令，更加複雜。所以想要成為頂尖的房仲經紀人，就要擁有好的行銷觀念。什麼是正確的行銷觀念呢？吾常常會用捕龍蝦的故事來說明。

在漁港附近有家漁產公司想要擴大經營，特別新增販售龍蝦的業務，為了要能夠供給優質、數量又多的龍蝦，該公司採取的策略是：聘用抓龍蝦的高手，自己生產第一手龍蝦，跳過中間商以獲取更好的獲利。公司貼出招聘公告，用高薪聘用抓龍蝦高手，公告貼出之後沒多久，就有兩位漁夫來應徵，於是公司都跟他們簽了一年的合約，只要其中一位表現優異者，合約到期後自動續聘。

其中一位漁夫，我們就叫他傳統漁夫好了。他採用傳統的方式，他的工作流程是：出門、下海、捕龍蝦、換取金錢。每天一大早，這位漁夫就興沖沖地出海，憑著矯健的身手、銳利的雙眼，很快在中午前就捕到一大批龍蝦，然後就上岸跟老闆換取金錢報酬。漁夫覺得非常好賺，只要半天就可以得到豐厚的收入，當然非常開心，於是這四

步驟日復一日，從來沒有改變。但是大家都知道，大海是變化多端的地方，有時候無法正確預測當天的天候與海象，所以並不是每天都能有好豐收，如果那天漁夫沒有出海，當然就沒有收穫，沒有收穫也就沒有報酬，這位漁夫雖然是十分傑出的捕龍蝦高手，一旦碰到壞天氣無法出海，就算空有一身好武功，仍無用武之地，無法換取等值的金錢。

　　而另一個漁夫就採取不同的方式，我們就姑且稱他聰明漁夫。他在應徵後的前 30 天都沒有出門捕龍蝦，而是在家裡趕製上百個捕龍蝦的籠子，等到籠子完成之後，就把這些籠子拿到海上的幾個固定地點放著，等待龍蝦自動進籠。之後這位漁夫的工作就變得很簡單，他只要每天出門到定點巡視籠子，看有沒有捕撈到龍蝦，就算當天因為體力問題或天候限制而無法出海，隔天就會有更多的收穫，獲得更多的報酬，所以就算他無法每天出海也一樣會有豐厚的收入。

　　一年後，公司結算兩位漁夫這一年來所抓的龍蝦量，發現到第二位漁夫抓的龍蝦比第一位漁夫多出好幾倍，當然第二位聰明的漁夫順利獲得漁產公司續聘，甚至被提拔為公司的指導顧問，要他用這個方法培育更多的捕龍蝦高手，替漁產公司帶來更大收益。

　　試問，現在的你是哪一種漁夫呢？是傳統漁夫還是聰明漁夫？

　　現在還是有很多房仲經紀人員非常辛苦，需要單槍匹馬地掃街、發派報、DM、面紙，辛苦地奔走了一天，收穫卻只有一點點，甚至完全無所獲，你說這樣的做法跟傳統漁夫像不像？即使天天在海邊釣魚，天天努力，收穫還是有限的。但是如果你懂得運用網路科技、懂得正確的行銷方法，把這例子套入房仲業中，開始先架設屬於自己的網站，建置自己的知名度、信任度，並且經營屬於自己的客戶群，就像是這位聰明漁夫一樣，開始製作捕龍蝦的籠子，當你把網站建置完成之後，搭配正確的行銷方法，不僅能幫助你節省時間體力、不需每分每刻不斷地開發，也可以助你快速地修正與傳遞資訊，讓客戶自己找上門來，就像是放置捕蝦網一般，能收數倍、甚至百倍的效果。

　　現在，你想要當哪種漁夫呢？是傳統漁夫還是聰明漁夫？選擇權就在你身上！

傳統漁夫

有下海，才有機會抓龍蝦

有時還會撲空，抓不到龍蝦

?

聰明漁夫

不下海，龍蝦也會自動進籠中

漁夫有空再下海抓取龍蝦

# 好的客戶來自網路

　　常看到傳統的房仲經紀人，都會把客戶資料還是記在筆記本裡，有想過：萬一掉了怎麼辦？有些人則是把客戶資料存在手機裡，如果手機沒有接上雲端，跟筆記本一樣，手機掉了，就什麼都沒了；如果是換手機，還要重新備份、傳輸，非常麻煩。因此建議房仲經紀人要轉換新思維，變成行動經紀人，把客戶資料隨時放在雲端資料庫備份，這樣一來就避免掉遺失的風險。

　　除了客戶資料外，有些房仲經紀人給客戶的資料還印在紙張上，通常見客戶的時候，手上拿著滿滿的紙張資料，客戶看得頭昏眼花，反而讓對方無所適從。這邊有個非常重要的訊息，是所有房仲經紀人一定要知道的概念：根據經驗法則來看，紙張列印得越多，客戶越不會成交！為什麼？一個優秀的房仲經紀人，是要給客戶可以「便利使用」的資訊，才會促成成交，而非所有的資訊。這便利使用的資訊，房仲經紀人可以放在網路與雲端上面，只要一根手指就可以找到，讓客戶看到你的專業或者直接傳送到客戶的電子信箱中。

　　還有，你知道多數客戶想買賣房子的時候，會先從哪

裡著手嗎？答案就是網路。這就是你要轉型成為行動經紀人最重要的關鍵。因為最好、最優質的客戶，幾乎都來自於網路。甚至可以這樣大膽地說：一手客戶來自網路虛擬店，二手客戶來自實體店。

　　會造就這樣的現象，是來自於現代人生活型態的改變，我們試著想想看，通常客戶買賣房子之前，都會先蒐集資訊，而現在人生活忙碌，最容易取得資訊的地方，就是網路，大部分的客戶，都會在網路上面先做好功課，像是各大房仲業者的網站、拍賣網站或是專門的房地產網站等，當資訊蒐集好之後，才會聯絡房仲業者，如果你想要找到好客戶，就需要懂得建立自己的雲端系統，然後透過智慧型手機、平板電腦加上雲端資料庫，就有機會讓客戶順利找到你。所以可以說網路行銷及雲端科技，已是房仲經紀人的必備、必學工具，你還能說不會用、不想學嗎？

　　因此在網路上所呈現出來的影像，是要讓瀏覽者有所印象，如此一來自然會產生神奇的效應出來，如果只有文字卻不見任何圖像，客戶當然就不會有所反應了，這也是網路行銷具有魔術魅力的地方，並且績效百分之三十以上會來自網路。

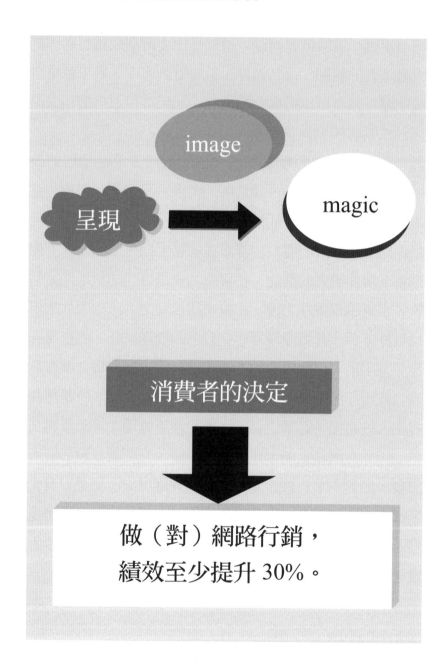

當我們知道現在消費者，都是從網路取得資訊，也就可以確定，未來房仲業的勝出者就在於：**你在網路世界裡容不容易被找到！**

　　有的房仲經紀人很認真，網路行銷、網路介面都做了、都用了，來電量還是少，甚至根本沒效？原因包括如下：

1. 照片拍得不好或根本沒照片
2. 沒有自己的特色或關鍵字
3. 開價是天價行情

## 照片拍得不好或根本沒照片

　　圖像是現代人最容易接受訊息的方式，同理可證，你的網路行銷是否做到圖像式表達，就佔了很大的成功因素。如果你可以做好影像處理，相信你的網路行銷已經成功一半了！我常會說，千萬不要小看圖像，即使是一張單純的照片，也能表達出視覺、觸覺與嗅覺。視覺指得是最基本的色彩或空間線條的表現；觸覺呢？ 拍攝時，可以把真皮沙發、大理石牆面、木紋地板的紋理細節強調出來；嗅覺，拍花瓶裡的花、窗外青青草地，甚至從廚房端出來的好菜等，都可以讓人勾起不同的景象食指大動，達

成你要的效果。

## 沒有自己的特色或關鍵字

　　有些人在進行網路行銷的時候，沒有建立自己的特色，沒有做好商圈經營，只是胡亂貼一些物件的資訊，這樣當然無法取得網友的青睞。如果在網路上經營屬於自己的特色，像是：服務達人、某某社區銷售達人等，就有機會吸引別人來點閱，就可以增加曝光度。標榜自己是店面達人、土地達人、豪宅達人、商辦達人，總之加上「達人」二字，但也要留意自稱自己是達人，結果被客戶一詢問三不知？那就真的糗大了，這點要特別注意。達人稱號可不是可以亂用的。自稱達人但該產品物件資訊卻零零落落，就不是真正的專賣店囉，真正的達人應該是要做到「有問必答，使命必達」才能當之無愧吧！

　　此外，在編寫物件的時候也要懂得注意關鍵字，譬如說三房兩廳、邊間等，這些一般人會容易搜尋的關鍵字，一定要放在物件的標題或內容當中，這樣才會增加搜尋到的機會。關鍵字，簡言之就是重要字，耳熟能響之字眼稱之。例如該產品用途是店面，物件名稱就可取之「金店面」、「黃金店面」、「鑽石店面」、「三角窗店

面」、、等等，並且自己上 Yahoo 或 Google 搜尋一下自己所命名稱是否會容易被搜尋出來，基本名稱包括：「地名+社區名稱+產品類別+街道名稱」，如果自己都不容易搜尋到，更別期望消費者會找上你。

## 開價是天價行情

當你拍了美美的圖片、建立自己的特色、也把關鍵字寫到物件內容當中，卻仍然沒有人來電詢問，最有可能的問題就是你的開價過高，超出市場預期行情，當然客戶就不會主動來電詢問，當售價在網路上一段時間後，毫無反應時，試著請屋主調整開價，哪怕降個售價的 1%、2%也好。

# 行動辦公室的一天

「行動辦公室」的概念早在 20 年前的歐美公司就已相當流行，而台灣卻是在 2003 年 SARS 疫情時，才驚覺行動辦公室的必要性。這跟國外的想法很不一樣，國外是認為行動辦公室有效率，可以多加採用；而台灣則是因為當時害怕SARS感染，所以被迫開始發展行動辦公室。即使到現在，還是有大多數人的想法，認為辦公室就應該有固定的位置，行動辦公室就意味著要把資料帶來帶去，每天要提大包小包，相當不方便。

隨著網路科技的進步，行動辦公室已經脫離這樣的刻板印象，只要你有筆記型電腦、平板電腦或手機，你都可以聯絡、處理很多事情，行動辦公室不再是傳統大包小包的印象，真正成為效率的表現！除了大老闆可能會需要固定寬敞的座位外，其他人的座位應該是具有彈性，也就是所謂走到哪裡，辦公就到哪裡，這樣才是有「效率」的工作態度。

台灣在網路建置上，一直投入非常多的努力，台灣的無線網路覆蓋率高，不管是在收訊或是速度上，品質都越來越好，這也代表著台灣開始邁入行動紀元，新一代的

「房仲經紀人」不只要成為「行動經紀人」，還要成為「雲端經紀人」，才能創造出雲端商務的新藍海，開放式創新服務，始能引領房仲大未來。

## 傳統辦公室與行動辦公室之差異比較表

| 時間 | 傳統辦公室 | 行動辦公室 |
|---|---|---|
| 進公司上班前 | 無從得知公司及客戶即時傳送訊息 | 隨時接受 APP 推播，以及客戶留言訊息 |
| 8：50 | 需至公司打卡上班 | 無需特意進公司，已直接前往客戶住處，處理客戶問題。<br>公司店長亦經由電腦系統與 APP 地圖定位，清楚掌握經紀人員行程。 |
| 9：00 | 打掃辦公環境 | 值班人員打掃 |
| 9：30 | 開早會討論今日行程與業績檢討 | 召開視訊會議，店長透過雲端系統交辦事項。 |
| 10：00 | 拜訪 1 位客戶 | 先用 Line 與客戶確認再面訪 |
| 11：00 | 拜訪 1 位客戶 | 先用 Line 與客戶確認再面訪 |
| 12：30 | 中午、午休用餐 | 中午、午休用餐 |
| 13：30 | 看屋及物件拍照 | 360 度或 720 度全景攝影，用手機立即 mail 給多位潛在買方觀看物件現況。 |
| 14：30 | 拜訪 1 位客戶 | 先用 Line 與客戶確認再面訪 |
| 15：30 | 拜訪 1 位客戶 | 先用 line 與客戶確認再面訪 |
| 17：00 | 發送售屋廣告 DM | 充分活用 APP 推播發送好屋訊息 |
| 18：30 | 晚餐 | 晚餐 |

## 傳統辦公室與行動辦公室之差異比較表（續）

| 時間 | 傳統辦公室 | 行動辦公室 |
|---|---|---|
| 19：30 | 電話回報屋主，反應看屋事項 | 用 Line 發訊息向買賣方客戶回報 |
| 20 :00 | 拜訪 1 位客戶 | 先用 Line 與客戶確認再面訪 |
| 21：00 | 拜訪 1 位客戶 | 先用 Line 與客戶確認再面訪 |
| 22：00 | 安排明日行程後下班 | 已隨時在雲端安排好行程 |

# 傳統行銷 vs 網路行銷 vs 精準行銷

　　房仲業者一定要注意，執行業務時千萬不要任意張貼違規廣告，雖然這是目前房仲業者非常盛行的行銷手法之一，主要原因是業者仍認為，這樣的廣告非常有效果（如下圖），再加上主管機關無法徹底執行取締，所以造成這樣的亂象。有媒體報導說甚至有房仲業者要找議員協商，希望可以不要取締這些違規廣告，以免影響生計；這樣的思維其實非常不可取。

　　房仲經紀人自己貼廣告單，俗稱小蜜蜂。

　　偶而會看到房仲經紀人到處貼違規廣告，然後環保人員在後頭錄影追兵蒐證，這樣的方式，如此一來，根本是在浪費全國人民的血汗錢。見過一個更誇張的案例（如下圖），業著怕小蜜蜂被撕掉，結果貼在更高的電線桿上，事實上，一般的廣告單壽命並不長，能張貼 1 小時不被撕掉就很厲害了；而這張廣告單居然維持 3 個月之久，實在影響社區觀瞻及環境衛生，希望這些房仲從業人員拿出自己良知想一想，除了要冒著罰金 6-30 萬的風險外（註1），還製造髒亂以及浪費社會資源，這樣的行為可取嗎？

除了小蜜蜂，還有一種也很常見的三角板（如下圖）。房仲經紀人隨便一放，結果造成市容、街道環境的髒亂，破壞房仲業的形象，這樣值得嗎？所以希望這些房仲經紀人不要純粹只圖私利，現在是自己好、別人好、大家都要好的共好時代。而透過行動經紀人的概念，可以減少這些紙張的印製、避免破壞社區環境、降低印刷經費，可以兼顧環保與經濟利益，不是很棒嗎？

（註1）任意張貼違規廣告依據廢棄物清理法第50條規定：……，
處新臺幣一千二百元以上六千元以下罰鍰。經限期改善，
屆期仍未完成改善者，按日連續處罰，另廣告應註明經紀
業名稱並與事實相符，依據不動產經紀業管理條例第29條
規定：經紀業違反本條例者，依下列規定處罰之……處新
臺幣六萬元以上三十萬元以下罰鍰。

# 工欲善其事，必先利其器。

　　以目前的現況來說，還是有很多房仲經紀人沒有平板電腦，就算有了也不知如何應用在客戶服務上，所以使用率不高，大多數人還在觀望要如何使用？最常被問到的問題就是：「老師，我真的需要這些 3C 行動配備嗎？」我回答他們這個問題的答案是：「當客戶詢問你物件離車站距離有多遠時，你要如何在最快速度告訴他明確的答案呢？這時候如果你有行動配備中的 GPRS 定位功能，當然就可以快速讓客戶知道，馬上幫你的專業度形象加上好幾分喔！」

　　古人說：「工欲善其事，必先利其器。」想把事情做好，卻沒運用對的工具；或者工具齊全了，卻不知如何有效利用，這兩種都是非常可惜。首先我們要知道，當你要達成目的的時候，需要有哪些工具、這些工具有哪些功能，再來就是操作使用的問題；懂得如何使用、怎麼應用，就是有效運用技術，才能達成你要的結果。這些都需要透過不斷地學習與充實自己，才能達到產生「使用、利用、效用」三種成果。

# 硬體工具

當你要開始成為行動經紀人的時候，你需要具備哪些硬體工具呢？

1. 手機
2. 平板
3. NB 或 PC
4. 行動電源專用
5. 手機專用魚眼鏡頭＋ APP

## 手機

現在的手機功能非常強大，可以上網、打電話、拍照、錄音等，還可瀏覽檔案等，所以身為一個行動經紀人，一支好的手機絕對是最重要的事情。非常建議行動經紀人的手機最好要有一定的品質，絕對不要拿出三流手機、山寨機，這樣會凸顯出你的不專業。

何時該換手機？感覺跑不動或上網龜速的時候就該更換手機。滑手機會累格（lag）、鋸齒狀影像出現時，也就表示手機該換了。想想看，手機的處理器都跑不動內建的圖檔，要怎麼快速服務客戶或查詢資訊呢？不行嘛！記

住：「時間就是金錢」這句話用在這裡，是最貼切不過了！或許你會說：這手機沒壞啊，幹嘛換？當然他沒有壞，只是 CPU 處理器無法應付手機裡所下載的軟體。如果你想要做好業務，不換新也不行。

## 平板電腦

沒智慧手機就沒「智能」：智慧與能力。房仲業者正是透過智慧與能力來為客戶服務，3C 產品日新月異，房仲經紀人在這樣的浪潮當中，如果想要繼續生存下去，就非要擁有不可。一個優秀的房仲經紀人，第一要先有智慧型手機、第二是要持有平板電腦，才能真正接續為客戶行動服務與辦公。

## 筆記型電腦（NB）或桌上型電腦（PC）

當你要建置網路平台、張貼物件、處理相片的時候，用手機或平板電腦就沒有那麼方便，這時候你就需要有一台筆記型電腦或是桌上型電腦，來幫你快速處理這些問題。

## 行動電源（如下圖）

電力來源仍是目前行動經紀人在戶外作業面臨最大障

礙之一，開啟 APP 使用上傳下載傳送資料就容易會消耗
電力，主要原因是手持裝置（手機 smart phone 、平板電
腦 pad）不斷在更新頁面的同時，或是手機開啟個人熱點
供平板wifi上網使用，都會消耗大量的電力，如果你的手
機稍微舊一點，待機的時間就會更短。因此行動經紀人出
門在外，行動電源絕對是必備裝置，因為手機一旦沒電，
任何服務都將停擺。建議添購行動電源的時候，內存的電
力至少需要 12000 安培以上。此外，手機如果沒有使用的
時候，要記得關掉 APP，避免不必要的電力消耗。

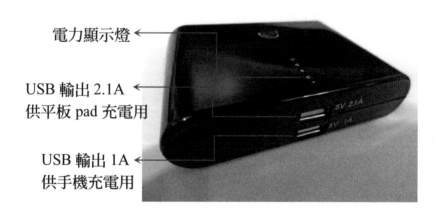

電力顯示燈 ←

USB 輸出 2.1A ←
供平板 pad 充電用

USB 輸出 1A ←
供手機充電用

## 手機專用魚眼鏡頭＋ App

　　傳統銷售物件都是用照片或拍攝DV影片來做展售，
尤其要拍攝 720 度全景圖在傳統照相器材最不為房仲經紀

人青睞，主因是攜帶相機及腳架笨重，而且全店共用一台相當不方便，拍攝後還要回到公司上傳圖檔合成，然後再上傳公司網站，通常這樣已耗時 3 天了。現在智慧型手機拍攝畫質已大幅提升至 800 萬畫數以上，加上專用魚眼鏡頭拍攝 4 張照片利用專用 App 上傳雲端合成圖檔，約 1～2 分鐘即完成全景圖並自動產生連結網址，此時房仲經紀人可用 Line 同時傳遞到客戶手機中，此景像不只是看四周環境連天與地飽覽無遺，因此該項工具可說是房仲經紀人人人必備最夯的秘密武器。

## ➚ 注意事項：更新處理器 CPU 及記憶體新機

　　早期一張 500M 記憶卡要價$5000 元，但是現在 32G 的記憶卡不到 1000 元，短短不到 10 年期間，演化進化如此淘汰快速。如果自己覺得手機跑不快（反應速度）網頁呈現老半天，還在下載畫面，就要換手機。如果是照片檔大，手機硬體跑不動，那就需要增購新機以加快速度，龜速手機只會影響工作效率。

　　身為房仲經紀人想要「言之有物」不能只「出一張嘴」，還要讓客戶眼見為憑，才能真正呈現專業，說了老半天，結果平板上網畫面還沒出現，那是多糗的一件事啊！拿累格的手機畫面給客戶看，這樣像話嗎？還有，千

萬不要拿手機畫面給客戶看，因為不管是 5 吋還是 7 吋手機，對於展示來說都太小了，如果要跟客戶互動的話，至少要是 9.7～12.2 吋的平板電腦，這樣才能呈現專業。

　　記住：現在會運用，客戶就會覺得您好專業；再過幾年房仲經紀人手持平板電腦就不是甚麼稀奇新鮮事了。Apple 第四代平板是近 3 年的事，Apple 智慧型手機是近 6 年的事，科技演進的速度之外，一定會讓你望塵莫及。

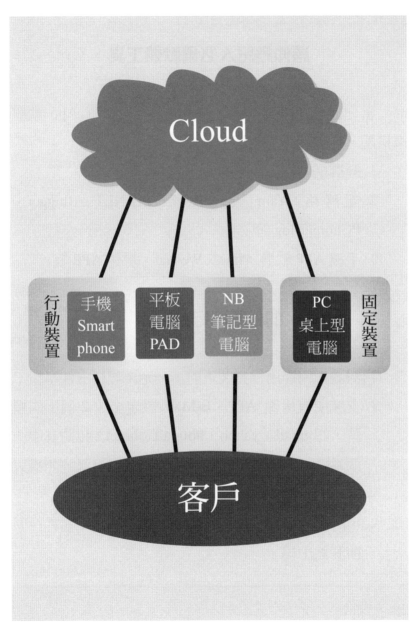

## 房仲經紀人必備軟體工具

當你擁有硬體裝置的時候，相對的也要有 App 軟體來搭配。你需要懂得軟體或網站有：

1. 社群網站：Facebook、Google+等。
2. 部落格：Yam 天空部落、PIXNET、Blogger、PChomeBlog 等。
3. 手機 APP 軟體：line、Wechat、房仲 APP 等。

## 如何應用行動裝置

再討論如何運用行動裝置前，一定要記得三件事情！

1. 安裝所有房仲 APP、E-Mail 設定至少 2 個不同帳號，如 gmail、yahoo、hotmail、hinet，以防其中一個系統當機時，可以有備用信箱可以發送，如果只有一個，掛了就停擺了。
2. 平時熟悉操控，就是多加使用操作，才不在客戶面前漏氣出糗。

# 指尖經濟 APP

當你使用行動裝置的時候，就必須要知道如何使用 APP 軟體。什麼是 APP？APP（Application）就是在行動裝置（智慧型手機與平板電腦）上所使用的應用軟體。這些 APP 應用軟體在未來會越來越多，而且多數是免費，只有少數是需要收費。有些 APP 可以提供生活資訊，也有些可以通訊，非常方便。未來，甚至可以透過 APP 刷卡，也不用擔心信用卡遺失被盜刷及掛失等問題。

根據統計，APP 軟體在全世界有超過 180 億次下載，市場商業規模超過 150 億美元以上，有越來越多的商機就指尖之間促成，重點是：你有多了解 APP？事實上 APP 是整合和推播最佳利器、提供豐沛的資訊，並且以文字、圖片、聲音、影像、影音、等型態呈現，讓我們可以隨心所欲地使用。

## 必下載的 APP 應用程式

### 一、房仲業 APP

知彼知己同業的 APP，身為房仲經紀人不能只使用自

家的APP，而不知或不屑它家APP，因為客戶不像你那麼專業，從各家 APP 來判斷哪家好？哪家不好？光從更新程式日期可看出端倪，有的久久更動一次，礙於系統商版本升級不得不升級，這也是迫使大家一起升級（花錢），像最近 Apple ios6 升級 ios7，該APP不重新修改程式可能在 ios7 就會閃退或當機的可能，因此手機系統商帶頭升級，這也是好事一樁。

　　有人會問：已經有網站網頁為何還要甚麼APP？簡單說：因為行動裝置的畫面比桌上型電腦來得小，畫面也大小不同（桌上型電腦 14 吋以上、平板電腦 9.7 吋、手機 4～6 吋），網頁在手機上呈現就顯得太小操作不易，光是搜尋物件的介面按鈕也因撰寫程式語言不同，所產生的應用也不同。

　　重新開發APP是要花錢的，也要看功能與內容而定，至少動輒數十萬到上百萬元不等。如果開發得好當然使用者多，如果功能陽春，物件又稀少，馬上就被打入冷門；有業者為了省錢求變通，就是寫一個陽春板網頁給手機或平板使用，稱之「類 APP 或假 APP」來替代，真正來講這只是過渡期產品，因為真正 APP 不是每個房仲品牌都有能力來製作。當然現在目前科技在進步，也陸陸續續有套裝模組APP服務出現，同時也帶來新藍海的商機出現。

## 二、應用 APP 表

| 類別 | APP 名稱 | 用途 |
|---|---|---|
| 社群 | Google+ | 社群一種，使用人數尚不及臉書。必建置社群部落格一種。 |
| | Twitter | 推特也是社群一種，國外盛行。 |
| | Facebook | 全世界最佳社群軟，必備軟體。在台灣沒有〔臉書〕就落伍了。 |
| | 專業小助手 | FB 粉絲專用的 APP |
| | WeChart | 在台灣目前普及率不高在大陸是必備通訊軟體 |
| | Line | 在台灣普及率高的通訊軟體，可社群使用及當簡易部落格使用 |
| | Flicker Plus | 照片上傳雲端有 1TB 原檔免費空間 |
| 通訊 | WeChart | 在大陸最常使用 |
| | Skype | 網路電話或國際長途節費網路電話、省話費通話品質佳 |
| | Line | 在台灣普及率高的通訊軟體、通話免費、品質視網路品質影響 |
| | Facebook 即時通 | FB 更簡便應用簡訊，普及率上不高 |
| 文件工具 | Keynote | Office PPT　APP |
| | Pages | Office word　APP |
| | Numbers | Office excel　APP |
| | 名片全能王 | 掃描名片，不用重新 key in |
| | WorldCard | |

| 類別 | APP 名稱 | 用途 |
|---|---|---|
| 雲端硬碟 | Google Drive | 免費雲端硬碟空間 |
| | Dropbox | |
| | OneDrive（原名 SkyDrive） | |
| 天氣 | 行動水情 | 查看降雨情勢、即時監視器瀏覽 |
| 新聞 | 蘋果日報 | 即時新聞掌握 |
| | 旺旺中時 | |
| | Udn news | |
| | MyGoNews | 專業房市新聞 |
| 交通 | 台鐵訂票機 | 台鐵訂票 |
| | 高鐵 T-EX | 高鐵預先訂票 |
| | 台北捷運 | 捷運路線查詢 |
| | 高雄捷運 | |
| | 叫計程車 | 大都會計程車 |
| | 計程車叫車 | 台灣大車隊 |
| | 驅動城市 | 即時路況、停車場、加油站 |
| 地圖 | Google Maps | 實景查覽 |
| | 指南針 | 方位判定 |
| 影音 | You tube | 影音網路行銷運用 |
| 全景圖 | DMD Panoram | 360 度全景圖瀏覽 |
| | Hot pano pro | 720 度全景圖瀏覽，如須拍攝另購套裝模組含魚眼鏡頭。 |

## APP 與未來行銷

　　智慧型手機反應速度越來越快，造就低頭族的盛行是近年來的事，在瀏覽網頁、看電視電影、聽音樂、打電玩，直接在手機上消費也成為新趨勢。所以非常看好未來APP 一定會成為強大的行銷工具。就房仲業而言，採用APP行銷跟一般行銷有非常大的差異，如果現有的房仲業者沒有跟上採取行動思維，將會被徹底擊敗！

## 房仲傳統行銷與運用 APP 之差異分析表

| 項次 | 問題 | 傳統 | 採用 APP |
|:---:|:---|:---:|:---:|
| 1 | 印製 DM 有數量問題 | 有 | 無 |
| 2 | 派報生費用問題 | 有 | 無 |
| 3 | 精準行銷 | 差 | 佳 |
| 4 | 與商家互蒙其利 | 弱 | 強 |
| 5 | 印刷耗時 | 有 | 無 |
| 6 | 行銷持續性 | 差 | 佳 |
| 7 | 印製商家版面限制 | 有 | 無限大 |
| 8 | 印刷成本 | 高 | 無 |
| 9 | 金流機制 | 無 | 有 |
| 10 | 來電客戶名單掌握 | 差 | 佳 |

## 網路行銷的概念

在談網路行銷之前，我們先來想想，如果我是一位廚師，做出一道菜？首先廚師要先開始準備食材，該切的、該醃的、該洗的，都要先準備好，當食材準備好了以後，就可以料理，要紅燒、清蒸、油炸等手續。等到料理完畢之後，就要開始上菜，甚至行銷、介紹這道菜餚。其實這就跟房仲業者的工作很類似，首先要懂得開發、經營商圈，再來就是整理商圈資料，等到這些資料都完成之後，就要開始放在網路上面讓人瀏覽，至於要怎樣讓人家願意進來點閱，那就是要靠行銷通路的能力。

| 廚師 | vs | 房仲 |
|---|---|---|
| 準備食材 | —— | 開發收集 |
| 清洗 | —— | 整理 |
| 料理 | —— | 加工 |
| 上菜 | —— | 鋪貨 |
| 行銷 | —— | 通路 |

要開始進行行銷之前，一定要懂得模擬一下客戶的習性與心態，想想看：如果你是購屋或賣屋者，你的第一步會做什麼？上網？上哪一個網站？到一個網站會停留多久

時間？30 秒？還是更久？為什麼我會停留這麼久？是什麼因素會讓消費者停留更久，或者點入更多頁面觀看細節？房仲網站何其多，為什麼要點選我的網頁？這些都是開始行銷前，你要問自己的問題。

除了站在客戶的角度思考外，更重要的是要「自我釐清」。像是：

- 我是誰？
- 客戶為何要託付給我？
- 是因為個人？還是公司品牌？

不可諱言，目前台灣的消費者仍是以業界的領導品牌為優先考量，但是還是要你去思考，除了公司品牌外，你的個人價值在哪？個人知名度在哪？你的個人能見度在哪？因為沒有能見度，你就沒有指名度！相對來說，沒經驗的房仲經紀人，想要容易入門，會建議選擇進入所謂前五大或前十大房仲品牌，有品牌加持，即使是新人也能創佳績。

## 傳統簡訊已落伍

過去有很多人會使用「電話簡訊」來行銷，但是這樣的方式已經落伍了。通常電話簡訊行銷集合了三大缺點：

(1)花費高

(2)無法確認是否被閱讀

(3)被誤認為垃圾訊息。

雖然電話簡訊有便於保存的優點，但現在你可以有更好的選擇。那就是懂得善用 Line、WeChat 或 Facebook 即時通等手機通訊 APP，這些軟體有兩大優點：

第一、免費且即時、被讀取有即時記錄。可連結到對方的智慧型手機，方便回覆。

第二、能有許多周邊可愛的動畫圖案可分享。

這些是電話簡訊比不上的地方。只要有網路或wifi的場所就能免費使用，隨時隨地收發訊息，真是太方便了！

## 網路行銷的核心觀念

傳統訊息散播是：「好事傳百里，壞事傳千里。」

現代訊息散播是：「好事傳千里，壞事傳萬里。」

我們可以透過上面的觀念知道，在網路時代，不管你做任何事情，都會被強力放大，所以房仲經紀人的專業要如何在網路裡被突顯，進而贏得客戶的信賴？就是一件非常重要的事情。如果能力所及，建置個人專業網頁是需要的，尤其有獨立個人網站更好。

　　根據統計，消費者通常最多瀏覽五至十個網站就是極限，坊間房仲經紀人自行刊登物件也非常地多，但沒有自己固定的「家」，就會變得居無定所，只能單純以物件吸引買家，無法建立忠誠度。所以我非常建議優秀的行動經紀人，一定要有自己的網站。

## 個人雲端資料庫建置原則：EMU 化

　　E化，電子化（Electronic），是指將所有書面資料電子化或數位化。

　　M 化，行動化（Mobility），透過行動裝置取得或處理資料。

　　U 化，無所不在化（Ubiquitous），匯集所有資料存放在雲端，隨處隨時可取。

　　所以一聽到雲端資料庫，可能有人會想，一般人哪有財力去建置？其實，大家都忽略了，一個最單純、最方便，也是最多人在運用的雲端，就是免費的E-mail帳號。這些Email帳號不僅可以提供聯絡人資訊儲存和管理的功能，可儲存的郵件也多達數GB雲端空間以上，對於一般人來說，已經非常夠用了。

　　而像近幾年非常風行的 Dropbox、Google Drive、

# E 化 M 化 U 化

U
無所不在化

現在

M
行動化

10 年前

E
電子化

20 年前

OneDrive（原 SkyDrive 於 2014 年 2 月 19 日微軟宣布更名）等，都有免費的雲端空間，都可以提供好的雲端資料庫，所以別說自己沒有這樣的經費，重點是你願不願意開始去研究、去使用。

電子化（electronic）：書面電子化談了近 20 年了，但是一般人卻誤以為把資料掃瞄後變成圖檔就是電子化，聽起來沒錯，但其實有很微妙的差別。因為掃描過後的圖檔過大，如果儲存空間過小，或是解析放大問題等，所謂的電子化，是可以把資料轉換成電子檔案，不只是限定在圖檔，包括文字檔、PDF 檔案都是。

行動化（Mobility）：人在客戶住處，想要取用資料卻發現在公司裡，傳送資料非得親自跑一趟不可，這些對便利第一的概念來說，都已是淘汰的行為，更別遑論要如何即時提供資訊服務，唯有藉由使用行動裝置，才能順利取得該資訊。例如收 mail，如果沒有智慧型手機還真的無法異地而接收，非要回到電腦桌前才行。

無所不在化（Ubiquitous）：雲端世界的來臨，平時就要把相關資訊資料電子化，接續上傳到雲端系統，當隨時隨地需要取用時，即可透過行動化的行動裝置，順利獲得。

## 網路行銷通路概說

　　網路行銷通路可說是四通八達，端賴你怎麼 PO 網、怎麼建置，放的越多，客戶找上你的機率相對也大，以物件曝光為例，公司網站、社區物件關聯、照片 PO 在網路相簿（Fliker、Facebook、部落格、Google+等）、剪輯成影片 PO 上 Youtube 供人點閱、或主動在 Line 發送訊息。可見通路可形成蜘蛛網絡，剩下的就是等客戶上門囉，關鍵在於：上述的動作你都必須要落實執行，才會有積砂成塔的效應出現，或許現在你已很努力在做網路行銷，但是缺少系統性或規劃時，就算很努力地執行也會成效不佳。

# 江湖一點訣，說穿了「不值錢」？

江湖一點訣，說穿了不值錢！這樣的觀念對嗎？很多人可能都是這樣的認為，因為傳統就是這樣在告訴我們，大家也就這樣接受了，也不認為有何不妥之處，因此觀念與習慣就一直延續下來。但是江湖一點訣是何等重要，若師父不告訴徒弟，可能真的要花三年四個月的時間才會體悟到吧！或許有先人或長者也告訴過我們秘訣，但是受到「江湖一點訣，說穿不值錢」這句話的影響，以至於錯失許多機會。

現在的時代下，學習新事務真的要花那麼久時間嗎？如果學習要這麼久，這個房仲經紀人也可能早就陣亡了，但是想要速成可行嗎？以前或許不可能、也不容易，但是因為網路的進步，把不可能的事情，變成可能！現在如果你想要成為一個頂尖的房仲經紀人，還需要花三年、花二年、一年嗎？答案：都不用！以目前科技的進步、資訊流通的廣度，只要你願意認真一點，只要花半年就可能養成頂尖房仲經紀人。但是這樣的關鍵在哪？關鍵在於蒐集資訊的應用能力！

未來，只要你懂得藉助行動資訊裝置或系統，將可瞬

間在客戶面前展現您的專業，這就是科技裝置的威力。在
2 年前可能會因為網路速度、硬體裝置的問題，顯得還不
成熟，但是現在軟硬體環境已經差不多成熟了。接下來就
是房仲經紀人是否親自來參與。這樣的行動經紀人將會顛
覆房仲業過去的行銷模式。過去認為非得帶客戶親臨現
場，才能了解實際景物；但是現在透過網路傳輸及手機或
平板電腦，不一定要到現場，透過行動裝置也能 360 度環
景或 720 度全景熟悉周遭環境，非常方便。但也不是非用
不可，只是如果不懂的善用的話，將錯過許多賺錢的商
機！這就是江湖一點訣，說穿了「是非常值錢的事」。

# 第二章

## 如何蒐集訊息，決定房仲競爭力

## 商圈經營，房仲業務基本功

　　想要成為一個好的房仲經紀人，最重要就是要有商圈經營能力，要如何經營商圈呢？首先需要對於該商圈有詳細了解；傳統做法是到當地去拜訪，騎著摩托車或步行掃街去了解；但是身為行動經紀人時代，這樣的模式已經落伍了，現在我們可以先透過網路資料，大致上了解該商圈的狀況，然後用 Google 地圖找出當地的地理環境，當你摸透之後再出門實地訪查，不但減少時間上的浪費，還能針對重點訪查，得到更多訊息。

　　當了解當地的商圈後，就要懂得跟在地商家結合。傳統房仲經紀人的合作方法，是需要放置 DM 或雜誌刊物，這樣的作法對房仲經紀人有利，對商家卻不易帶來客戶，若要爭取商家挪空位讓出位置擺設面紙或 DM 或雜誌刊物等，就取決於房仲經紀人跟商家的關係是否良好？倘若維護房仲經紀人疏於照料、清潔置物架，久而久之這些置物架的命運就是被丟棄收場；這是近二十年來房仲經紀人作法，基本上都是如出一轍，沒有任何創新，不管是放置在早餐店、小吃店或大樓管理員櫃台處等，最後都會無疾而終，沒有任何施力點，但是卻因為沒有更好的方法，所以

不得不持續做這樣的蠢事。

隨著科技的進步，有越來越多創新的行銷方式出現，傳統模式將會被顛覆掉，如果還在沿用舊有模式，那麼被淘汰是必然的命運。因此如何與商家越來越密切，如何達到互助、互利、雙贏且長久，就是一個非常重要的思考點。拜電子商務之賜，手機 APP（手機或平板的應用軟體）雲端行銷時機已成熟，誰先做就先搶得先機，當你擁有自己的專屬 APP 程式，行銷力道自然更強大。所以真的不要再依循舊有模式，做浪費時間又花成本的事。

創新房仲經紀人與商家接觸最佳行銷話題是：「如何增加商家之營收」。

想想看？

如果您告訴該商家說：「手邊有五千或上萬筆的成交客戶名單，可以幫他們免費發送促銷活動廣告為宣傳訊息」，試問哪一商家會說：「不」呢？哪個商家會不想要？應該不會吧！因為這樣做法對誰先有利？當然是商家！當有客戶因您的通知而上門光顧時，商家感受會更深刻。

其實這樣的「手機 APP 雲端行銷」，彼此互惠、互利的電子商務模式在其他行業已如火如荼展開，但房仲業卻尚未真正開始應用，因此不要等其他房仲同業都在用，你才要開始做，那時候你就已經落伍了。這樣的電子商務

模式，在其他行業已經廣受商家歡迎，現在房仲經紀人使用時絕對如虎添翼，如果商家拒絕你的好意，原因只有二個：第一、是你沒有說到有利於商家的重點。第二、他根本不想增加營收。

接續該怎樣發展自己的「手機 APP 雲端行銷」呢？當你想到 APP 的時候，腦海中浮現的是動輒幾十萬到上百萬的應用軟體開發費用，這樣的金額除了大企業集團有此預算外，一般中小企業房仲公司要獨立建置單店的 APP，光是寫程式的預算金額及撰寫程式時間得花上半年到一年時間，就令人望而怯步。不過隨著市場競爭，有資訊業者開始推出 APP 套裝模組，只要你懂得利用這些資源，花一點小錢，就可以幫單店打造專屬的 APP 程式，而且這些業者還可以幫你把 APP 快速上架到 Android 或 iOS 系統，甚至還有金流機制馬上可以選用。

其中金流機制絕對是手機 APP 雲端行銷中的關鍵，如果 APP 沒有金流刷卡功能及消費機制，那等於流失消費者市場，因為這樣一來，你就沒有辦法做到一次購足（One-Stop Shopping）的概念。目前很多企業的 APP 沒有金流機制，真的覺得很可惜，這簡直是把大把的銀子丟出去啊！因為消費者的購物行為已悄悄轉變，許多「低頭族」玩玩手機不知不覺就在手機上完成購物交易，這部分

市場未來商機無窮大，但是多數行銷人員尚未意識到，所以如果你開始有這樣的思維，你就已經搶得先機。

重點是：你是否意識到了？

當房仲業擁有屬於自己店之專屬的 APP，在別人的眼光來看，一定覺得這實在太神奇了，但這也是未來房仲業新增潛在客戶及維繫老客戶的最佳祕密武器。

# 頂尖房仲必須蒐集的資訊

身為頂尖房仲經紀人，你一定要提供足夠的資訊給買方，對買方說明物件現況時，是否有做到以下四件事：

一、提供不動產說明書

二、詳盡告知應知的資訊

三、已詳盡查訪產權調查

四、具實說明銷售價格行情

雖然不動產經紀業管理條例第 23 條規定，經紀人在執行業務過程中，應以不動產說明書向與委託人交易之相對人，解說上述四項事項，但實際的情形是，房仲經紀人並未真正的落實做到。也因此，房屋滲漏水、產權不清、虛列不實坪數、不當貸款成數承諾、蒙混屋齡、不當承諾等情事仍一再發生，賺差價利潤、利用暗賣、假買斷、回頭殺價、人頭三角簽等不當手段，壓低賣方售價，拉高買方出價，欺騙客戶等等手法，仍所在多聞，甚至有房仲經紀人就是買斷客，用這樣的手法來賺取超額差價利潤。

一本不動產說明書內容，必須要有下列 17 項：

1. 產權調查表

2. 建物權狀影本

3. 土地權狀影本

4. 建物謄本

5. 土地謄本

6. 不動產標的現況說明書

7. 土地增值稅概算表

8. 建物平面圖

9. 地籍圖

10. 建物使用執照影本

11. 土地使用分區證明

12. 代書流程應備文件

13. 自用住宅重購退稅適用條件

14. 銀行貸款攤還試算表

15. 買賣方應負擔費用項目

16. 代書收費表

17. 實價登錄行情表

## 瞭解物件時，一定要調查清楚標的瑕疵及嫌惡設施

標的瑕疵影響房價甚劇，例如：建物問題有違建前後院、挑高樓層違建夾層、頂樓加蓋、凶宅、滲漏水、傾斜屋、輻射屋、海砂屋、高樓儲水箱中繼站、行動電話基地

台、、等。

## 標的瑕疵之影響

| 項次 | 標的瑕疵 | 影響因素 |
|---|---|---|
| 1 | 違建前後院 | 違章建築 |
| 2 | 挑高樓層違建夾層 | 違章建築 |
| 3 | 頂樓加蓋 | 違章建築 |
| 4 | 凶宅 | 心理因素 |
| 5 | 滲漏水 | 建物瑕疵 |
| 6 | 傾斜屋 | 危樓 |
| 7 | 輻射屋 | 身體健康影響 |
| 8 | 海砂屋 | 建物結構安全 |
| 9 | 高樓儲水箱中繼站 | 樓高 45 米的地方設置，中繼水箱上下左右樓層的住戶受噪音與潮濕的影響。 |
| 10 | 行動電話基地台 | 身體健康影響 |

　　而嫌惡設施亦稱「鄰避設施」，意即左鄰右舍避及唯恐不及的設施，為什麼要調查清楚這些「鄰避設施」，因為嫌惡設施也會直接影響房價。而環境問題方面有機場、加油站、消防隊、醫院急診處、瓦斯行、瓦斯槽、煤氣廠、高壓電塔、菜市場、夜市、神壇、寺、宮、廟、停車塔、高架橋、高架捷運、家庭加工廠、特種行業、殯儀

## 嫌惡設施之影響

| 項次 | 嫌惡設施 | 影響因素 |
|------|----------|----------|
| 1 | 機場 | 飛機起降噪音、禁限建高度、航道下噪音。 |
| 2 | 加油站 | 心理因素未爆彈，縱使安全檢查無虞。 |
| 3 | 消防隊 | 出勤警鳴聲 |
| 4 | 醫院急診處 | 救護車到院前警鳴聲 |
| 5 | 瓦斯行、瓦斯槽、煤氣廠 | 心理因素未爆彈，縱使安全檢查無虞。 |
| 6 | 高壓電塔 | 電磁波環繞周遭 |
| 7 | 菜市場、夜市 | 環境衛生髒亂 |
| 8 | 神壇、寺、宮、廟 | 舉辦法會誦經噪音、燒香氣味。 |
| 9 | 停車塔 | 機械運轉聲噪音 |
| 10 | 高架橋、高架捷運 | 行車噪音 |
| 11 | 家庭加工廠 | 容易有噪音 |
| 12 | 特種行業 | 出入分子複雜<br>良家婦女易被騷擾<br>環境品質問題 |
| 13 | 殯儀館、火葬場、公墓 | 恐懼心理因素<br>視野看得到也算在內<br>福地福人居也有人不介意 |
| 14 | 污水處理廠、屠宰場、垃圾焚化場 | 環境衛生問題 |

館、火葬場、公墓、污水處理廠、屠宰場、垃圾焚化場
…，以上都會影響到住戶品質、心理因素、觀感，直接衝
擊到房價高低。

至於有無嫌惡設施的不動產房價會有多少價差？不是
說減價幾%就是幾%？而是要有比較標的，但是比較標的
能當標準嗎？所以要有嫌惡設施及無嫌惡設施的同類型產
品才能來做比較，否則都將是無稽之比較價格！

照理講全台的嫌惡設施，應該是具有公權力的政府單
位負責整合，並統一公告。不幸的是：目前台灣並沒有這
樣單位在做這件事，房仲業及經紀人員只好自力救濟，扮
「偵探柯南」，自己調查！但買方與賣方（或房仲業者）
立場不同，認知上普遍存在著落差，買方一定會想知道得
一清二楚，但賣方或房仲業者呢，應該會希望買方知道得
越少越好。

事實上，正確做法是要讓消費者了解得越詳細越好。
理由何在？也許有的房仲經紀人會說，知道太清楚，買方
就不買了，但其實這恰恰相反，有時候反而不要迴避這個
話題，才容易成交！在過去，隱瞞嫌惡設施這樣的作法或
許可行，但是現在資訊非常透明，很多資訊都會互相流
通，假設有兩位房仲經紀人，一位說明得非常清楚，另一
位避重就輕，如果你是買方，你會跟誰買房子？

答案非常明顯，應盡告知義務是天職，而且愈詳盡愈好。做業務最糟糕的心態就是害怕，害怕不成交，一定要記住：「千萬不要把客戶當傻瓜」，現在甚麼年代？網路這麼發達，消費者上網一查就有，反倒房仲經紀人，可能會一問三不知，這樣憑甚麼要消費者相信你，身為房仲經紀人應多做功課，優秀誠信的房仲經紀人，客戶自然主動找上門。

## 業績重要
## 房子的事前調查更重要

產權調查 ▶ 漏水調查 ▶ 海砂調查 ▶ 輻射調查 ▶ 裝潢調查

**重大事件**
侵佔鄰地、重大違章、租賃糾紛、
風險降低，才能永續獲利！

內部管理：不接不該接的案件、不做不該做的承諾

# 實價登錄，房仲一定要知道的訊息

## 實價登錄的由來

為了避免交易資訊不公開，降低目前不動產資訊不對稱情形；避免不當哄抬房價，導致買賣雙方對買賣價格的誤判，所產生糾紛，在保障民眾隱私權前提下，政府於2011 年底，終於通過實價登錄法案，並於 2012 年 8 月正式上路，所有成交買賣案件價皆須登載。

理論上，實價登錄會有助於行情的透明化，民眾可以上網（如下頁圖）內政部不動產交易實價查詢服務網瀏覽。

免費查詢交易價格、交易日期、區位、構造、屋齡、移轉面積、車位類別、臨街道路寬度，以及使用現況等。不但可保障買賣雙方權益，排除人為操縱價格；也因為議價空間縮小，能加速交易時間，大幅減少無謂的成本浪費及糾紛產生。

買賣案件申報登錄成交實際資訊之類別及內容如下表：

（內政部不動產交易實價查詢服務網）

http://lvr.land.moi.gov.tw/N11/login.action

## 實價登錄內容整理表

| 類別 | 內容 |
|---|---|
| 1. 交易標的 | 登記收件年字號、土地區段位置或建物區段門牌、不動產標示、交易筆棟數等資訊。 |
| 2. 價格資訊 | 房地交易總價、土地交易總價、建物交易總價、車位個數、車位類別、車位總價、有無管理組織、交易年月日等資訊。 |
| 3. 標的資訊 | 土地移轉面積、建物移轉面積、使用分區或編定、主要用途、主要建材、建築完成年月、總樓層數、移轉層次、建物現況格局等資訊。 |
| 前項第二款交易總價如係土地與建物分別計價者，應分別登錄；合併計價者，應登錄房地交易總價。 ||

經營仲介業務者，對於買賣或租賃委託案件，應於簽訂買賣契約書並辦竣所有權移轉登記或簽訂租賃契約書後三十日內，向主管機關申報登錄成交案件實際資訊（註2）。

　　經紀業屆期未申報登錄，應依不動產經紀業管理條例規定，於接獲裁處書及限期申報通知書後十五日內申報登錄；屆期未申報登錄，應按次處罰並限期於十五日內申報登錄，至完成申報登錄為止。

　　直轄市、縣（市）主管機關受理申報登錄之買賣案件實際資訊，會篩選去除顯著異於市場正常交易價格及特殊交易之資訊並整理後，應以區段化、去識別化方式提供查詢，其提供查詢之資訊類別及內容如下：

　　（一）交易標的：土地區段位置或建物區段門牌、交易筆棟數等資訊。

　　（二）價格資訊：不動產交易總價、車位個數、車位類別、車位總價、有無管理組織、交易年月等資訊。

　　（三）標的資訊：土地移轉面積、建物移轉面積、使用分區或編定、主要用途、主要建材、建築完成年月、總樓層數、移轉層次、建物現況格局等資訊。

---

（註2）不動產經紀業管理條例第 24-1 條

# 實價登錄的問題

## ➤ 一、房價資訊不透明，「實價揭露」沒有意義。

「實價登錄」應正名為「時價登錄」，為什麼？實價揭露能代表什麼？可以當作議價或售價的標準嗎？只能參考，不能當作標準。

據報載：「政府公布的實價因有時間落差，加上高價成交部分不公布，以致揭露的『實價』與市價難免出現差距，導致部分買方在簽約後覺得買貴了，或是賣方覺得賣太低，或委售價不如預期，而終止契約及交易，引發爭端。業者透露，有些買方事前未做功課，不瞭解實價揭露狀況，成交後，經由親友等告知實價揭露數字，才覺得買貴了而毀約。」

以上很明顯看出兩大問題：

第一、目前現況時間落差是落差兩個月以上。換言之，兩個月前的交易紀錄怎能與現在時刻相比較，時間價格是房價最大的變動因素之一。

第二、單筆數據無法代表其他雷同標的物，甚至是同

一社區或同一棟標的物也不能。消費者很容易用同一個概念去想，這樣比較法是粗糙的。

買方反悔通常是因旁人（主要是家人）告訴他買貴，實際上真的是如此嗎？很簡單的一句問話可以檢驗：「原屋主用這個同樣的價格，能買回雷同標的物嗎？」如是，就有可能代表買貴了，如否，那就代表屋主賣便宜了。針對實價登錄價格，個人認為，看看就好不必太認真。身為房仲經紀人，應該提供比實價登錄更豐富的行情資訊，絕對不能選擇性地提供。

資訊日新月異，不斷地進步演化，房仲業也在變革，即使資訊發達，城鄉差距依然存在。一級戰區中的菜鳥不易生存，老鳥未善用科技，也將遭淘汰。反而在鄉村區，人情味較濃，客戶重情，房仲經紀人的腳步還可以稍慢，卻不能不改。不論城鄉區域，結論就是房仲經紀人都要改變，都要進步才行。

## 二、實價登錄公開資訊不足，參考數據會有爭議。

目前政府所提供的實價登錄存在明顯的漏洞，就是只登記當時的交易價格，但是這樣的模式是有問題。我認為應該要在加註以下事項，才能有利民眾辨別該實價登錄的參考性，例如：有無履約保證、有無仲介費用，光是仲介

費就有 1～6%的差價，再加上僅記載區段化又去門牌號碼，只能讓人以瞎子摸象、各自表述的角度來理解。

對於一個不動產，不論房子或土地，想要了解其過去來龍去脈，必調閱其「異動索引」，也就所謂該房子過去的祖宗十八代是誰？發生過什麼事？有無被查封、假扣押、拍賣、繼承、贈與等登記原因，是否都有登載在異動索引上？這些才是重點！過去投資客處理法拍屋最常用手法就是過戶，若是如此，法拍屋也要公開列入實際登錄中可查詢才對，才能避免炒作。

實價登錄的漏洞百出，最終仍是消費百姓們倒霉。政府希望透過實價登錄抑制房價之舉，簡直是無稽之談。房價變動因素如此之多，並非奢侈稅或實價登錄政策能左右的。

## 三、實價登錄洩露違建資訊。

從記載欄中的增建及格局登記欄中，便能輕易地發現違章情事，例如原本四房變兩房，或一間衛浴變三間衛浴勢必要打掉隔間牆，這樣是否有危害建築結構之虞；原本三房兩廳兩衛浴變成五房五衛浴，也是變更結構，從登載上面即可發現違建情況，再加上現在全是電腦列管，皆無所遁形。

身為房仲經紀人務必要做好查證工作，每一項皆要詳實查證、告知，並記錄在不動產說明書上。因此，要開發最好開發正常房子、銷售正常房子，才能反映出真正房價。有很多高投報率的房子，肯定經過一番改造，違章機率大增，身為經紀人不得不慎。不成交還好，成交了是喜事還是壞事，都是「業障」，業績的障礙。

　　房屋屋況違章未記載，等同調查不實就無真相，就不會有真正房價，距離交易資訊透明化，可想而知，仍有一大段路要走。源頭不理清糾紛肯定會再發生，就看建管單位有沒有魄力告發開罰與拆除。

### 四、主管機關不宜逕行篩選去除顯著異於市場正常　　　交易價格。

　　既然已實施實價登錄制度就是要詳實揭露，才有參考之價值，雖有異常價格資訊出現也是要真實呈現，這才是真正的價格資訊透明化。只要在申報書備註欄位註明清楚即可，如有瑕疵，如：凶宅、海砂、輻射等，當然交易價格就會不一樣，又有什麼不能公布的呢？所以強烈建議政府主管機關，有能力可提供卻未公布之重要資訊，例如凶宅、火災、淹水、海砂屋、輻射屋、、等資料，皆應儘速公開查詢，藉以減少購屋糾紛。至於價格異常的高或低公

布何嘗不妥？例如全新裝潢，買賣交易價格也會所差距，主管機關剔除自認為異常價格反而影響該標未來再轉售查詢的真實性。因此不須剔除認為異常價格資訊，只要在備註欄詳載原因（如下表）。

### 實價登錄備註欄特殊交易態樣

⑴親友、員工或其他特殊關係間之交易。
⑵含增建或未登記建物。
⑶建商與地主合建案。
⑷（包含）公共設施保留地之交易。
⑸畸零地或有合併使用之交易。
⑹向政府機關承購之案件。
⑺受債權債務影響或債務抵償之交易。
⑻急買急賣。
⑼有民情風俗因素之交易。
⑽單獨車位交易。
⑾土地及建物分次登記案件。前案土地登記收件字號：
⑿瑕疵物件之交易。
⒀其他（請敘明）

### 五、現況實價登錄之其他問題。

1. 成交最高價與最低價有部分行情不揭露之問題。
2. 平均單價包含停車位價格，平均單價會比一般不含車位坪數來得低之問題。

3. 增建前後院、頂樓加蓋、露台、等坪數皆未確實登載之問題。

4. 價格以區段化、去識別化的方式登載交易行情之問題。

5. 預售屋登載以代銷契約終止或完銷後才登錄價格，導致真實交易價格至少六個月以上的落差之問題。

# 房仲經紀人如何善用實價登錄

一位稱職的房仲經紀人，一定要盡到兩種義務責任：

一、告知的義務

二、查證的責任

「告知的義務」，就是房仲經紀人本身所調查的資訊，需要告知給買方，不能僅能就「不動產說明書內容」告知，並絕對不可以明知道這是凶宅，卻跟客戶隱瞞這樣的訊息，這樣就沒有盡到「告知的義務」。

「查證的責任」是指當房仲經紀人接到物件委託之後，絕對不能只有聽信賣方一面之詞，而是要確切了解這個物件，包含產權是否清楚、是否有嫌惡設施、、等，這些都是一位稱職的房仲經紀人需要做到的事情，然而，真正能做到的又有多少？

詢問左右鄰居或管委會，但是能問出什麼名堂呢？查甚麼？證明甚麼？手無寸鐵（工具）怎能查？查漏水？又不是抓漏廠商，房仲經紀人有哪麼厲害就能查看嗎？就是用眼睛看，油漆剛粉刷過根本看不出來，屋主不說，真的查不出來！交屋後顯露原形房仲難逃脫責任，現今漏水高居糾紛榜首。

治標之查證法，只能聘請修漏廠商來鑑定了（估價不用費用）現況有哪個房仲經紀人會事先請廠商來檢視？應該沒有吧！都是等到被買方發現才會來協調。但是查證責任卻要經紀人員承擔，立法無調查權卻要背負查證責任，真是怪異！

　　有人常問：「可以用實價登錄資訊，跟屋主議價嗎？」就聽過有房仲經紀人拿著實價登錄資訊，跟屋主議價。常在想：這樣的方法可行嗎？畢竟房子是動輒上百、上千萬元的資產，單單憑這個資訊，就能讓屋主降價嗎？不過也並非絕對不可行，問題在於如何說明？一般來說，關於實價登錄，買方最想知道的是：當地的成交行情、有沒有其他更好的選擇、房子的條件如何？

　　對於房仲經紀人來說，最常見的兩個問題是：

　　第一、「怎麼回答行情問題」？

　　第二、該說高行情價格還是報低行情價格？

　　實價登錄後，人人可查價這個大前提之下，房仲經紀人面對客戶的行情詢問，變得越來越困難。同時也發現一個現象，現行的實價登錄沒有正確門牌交易紀錄，但是公寓跟華廈的單價原本就有不同，這樣的價格數據怎麼能拿來做平均比較呢？這些真的讓人匪夷所思，但這個問題似乎點出來，反而是一股腦直接拿來做比較，這不就是「張

飛打岳飛」、「張冠李戴」，整個都亂了套了嗎？

　　「失之毫釐，差之千里。」這句話更直接點出，目前實價登錄交易資訊透明化的一大敗筆。在實價登錄未公開之前，把炒作行情責任，全部推到房仲業者頭上還情有可原，畢竟業者才是資訊的掌握者。不過，實際上，消費者與房仲業對「實價登錄」的認知並不一致。

　　現在立法通過了，卻只做了半套，號稱已主張了「居住正義」。然而，主管機關卻又能逕行剔除過高或過低交易紀錄，所謂異於市場正常交易的價格，這樣的法規讓人啼笑皆非。也因此，讓各方有機可乘、各自表述，情況已屢見不鮮。就曾聽到房仲經紀人跟屋主說：「根據實價登錄成交紀錄來看，你的開價已超出附近行情太多，所以賣不掉。」這樣回答恰當嗎？若您是屋主，心裡會怎麼想？實價登錄儼然變成對屋主砍價的好工具。如果屋主不為所動那還好，不幸的是，有很多屋主對行情沒概念，又缺錢，這樣的屋主就容易中計上當。

　　對買方而言，不動產經紀人員提供實價登錄資訊，是最基本的業務行為，沒主動提供將有違反不動產經紀業管理條例24-2之虞，當買方反悔不買時，更要小心這件事。因此房仲經紀人必須將該物件區域附近行情列印出來，請買方簽名，以證明房仲經紀人有提供及說明，這是現在收

斡旋金或收要約前，非常重要的業務步驟。所以房仲經紀人不應問：「如何對買方說明行情是多少？」而應該主動提供清楚詳實的實價登錄交易資訊給買方才對。

　　對於行情，最好的方式就是不要口說，而是要提供詳實價格資訊。想想看，房仲經紀人回答行情區間有意義嗎？事實上一點意義都沒有，因為一旦行情講高了，買方會相信嗎？講低了，也不見得能夠促進成交。常常看到很多房仲經紀人，很努力帶看之後，買方也願意付斡旋金洽談，但收了斡旋金之後，案子卻無法成交，仔細探究內容，會發現通常是房仲經紀人說錯話，造成認知差異的溝通不良，導致無法成交。其中的關鍵點通常是：卡在屋主願不願意降價賣，或是屋主臨時反悔！這種情況最常出現在房價飆漲期，屋主反悔也是可以理解的，反而是身為房仲經紀人，敏感度不夠，讓買方出價出得太低。房價飆漲期時，只要屋主願意賣，買方買了再轉賣都會賺，怎麼能讓買方出低價呢？讓買方錯失投資買房賺錢的機會，反倒是不動產經紀人員最該負責任。

## 房仲經紀人應主動提供實價登錄訊息

　　有調查發現，不動產經紀人員認為應該主動提及實價

登錄佔了 62%；而買賣方則認為經紀人員會主動提及的只有 29%，顯然有 33%的落差。調查也發現，經紀人員不一定主動提供實價登錄的有 36%，而買賣方則認為經紀人員不一定主動提供卻高達 62%，也就是說只有 26%的經紀人員主動提供實價登錄。但就目前的法令規範而言，房仲經紀人一定要 100%主動提供才合法。

房仲經紀人一定要體悟到：誠信是服務之首要！

業者及經紀人員的自律是服務的根本。但是仍有些業者在實務執行上仍有不落實之處，不管主管機關或是房仲業者需要有以下對策來落實：

### ⚡ 對策 1

主管機關應加強宣導行情查詢之網站，並於仲介業公司張貼買賣屋須知事項為其一，其二是於倫理規範中主動提供交易價格資訊列入不動產說明書中，為附件文件之一。

### ⚡ 對策 2

於法規中明訂未主動提供交易價格資訊的罰則，是最有警惕效用，也是對買賣方最有保障之處。同時對經紀人員需不斷的宣導與教育。

# 房仲業與買賣方對買賣價格資訊解說能力與認知

　　調查發現經過交叉比對發現經紀人員認為有及一定有解說能力佔 75%與買賣方認為有及一定有解說能力僅佔 24%。二者之間有 51%的顯著落差，經紀人員自認為不一定及沒有解說能力佔 25%，可能資歷較淺的關係。而買賣方則對 77%的經紀人員解說能力是不滿意的，由此可見房屋仲介業者仍須加強解說能力訓練以滿足買賣方的需求。

　　綜上所述，對業者調查資深房仲經紀人的業務行為未必有明顯比資淺房仲經紀人的行為標準，業者雖有其品牌口碑係來自廣告效益，相對知名品牌也會約束經紀人員的素質，所以會有所影響。直營店作業行為較為有所規範，加盟品牌的人員是隸屬獨立法人的公司組成，並非自始是該品牌所養成的教育體系，若要把不恰當的業務行為歸諸於該房仲品牌似乎有待商榷之處。

　　對買、賣方調查對於房屋仲介業主動提供行情只有 29%比例的經紀人員會如此作為，尚有 71%經紀人員係經買賣方要求後會提供，正確標準作業流程應百分百主動提供才對。根據調查分析，越主動提供行情資訊會有 56%機會促進成交機率。這是買方共同的心聲，值得經紀人員來

省思。當提供的行情資訊與買賣方認知差距過大時將近八
成的買、賣方對房屋仲介業的信賴度是下降的。因此當房
屋仲介業價格資訊的提供如能直接引用實價登錄網站頁面
展示會較有說服力，買賣方對此信服度應該是會認同的。

### 房仲業對買賣價格資訊運用面臨八大問題及主管機關規範整理表

| 買賣價格資訊運用面臨八大問題 | | | 主管機關規範 |
|---|---|---|---|
| 房屋仲介業者 | 1 | 行情資訊未主動提供 | 不動產經紀業管理條例第24條之2規定，經營仲介業務者應公平提供雙方當事人類似不動產之交易價格，同條例第29條並訂有相關配套罰則。 |
| | 2 | 房屋仲介業提供買賣價格資訊未明確規範 | 不動產經紀業管理條例第24條之2、第29條及內政部公告之不動產委託銷售定型化契約應記載及不得記載事項等規定，現行法規業已明文規範房屋仲介業應提供買賣價格資訊。 |
| | 3 | 房屋仲介業對價格資訊解說能力不足 | 不動產經紀業管理條例第24條之2規定提供買受人關於不動產充分必要之資訊。 |
| | 4 | 房仲業者未公平提供買賣雙方類似不動產交易價格 | 不動產經紀業管理條例第24條之2規定，經營仲介業務者應公平提供買賣方當事人類似不動產之交易價格，同條例第29條並訂有相關配套罰則。 |

| 買賣價格資訊運用面臨八大問題 | | 主管機關規範 |
|---|---|---|
| 主管機關 | 1 實價登錄尚未即時公布 | 須俟申報登錄期滿後就申報資料內容進行查核篩選後始得對外揭露，故申報案件對外揭露時間會有法定登錄期間及作業時間上落差。<br>採按週更新方式對外提供實價登錄資訊，以積極提升為民服務品質。 |
| | 2 主管機關逕行剔除實價登錄異常價格資料 | 「不動產成交案件實際資訊申報登錄及查詢收費辦法」第12條至第14條等均明定應篩選去除顯著異於市場正常交易價格之不動產成交案件實際資訊後始得提供查詢。 |
| | 3 未公開詳細門牌 | 為符合個人資料保護法之規定，前揭辦法第12條明定不動產成交案件實際資訊應以區段化、去識別化方式提供查詢，以保障當事人隱私。 |
| 買賣方 | 1 買賣方認為仲介業者所提供的成交行情會偏高或偏低 | 不動產經紀業管理條例第24條之2規定，經營仲介業務者應公平提供雙方當事人類似不動產之交易價格，同條例第29條並訂有相關配套罰則。 |

## 房仲業提供成交價格資訊更應透明化

　　雖然各大型房屋仲介業連鎖店數多成交也多，相對都會密集區成交價格資訊也會較多，若以整個交易市場來看，其價格資訊資料庫資訊仍嫌不足，其因是建置在各房仲體系各自建置，資訊未被加以整合。需要採用下列對策來補強：

**對策 1**

　　現階段基於業必歸會原則，各個房屋仲介業又是獨立法人，因此資料庫的建置仍應自行維護與更新。雖然已有實價登錄，但主管機關又會刪除所謂異常高價與低價資訊，因此身為民間業者更應主動彙整公布，有充足的量才有佐證參考之意義。

**對策 2**

　　基於公信力原則，由建經業者公布價金履約之交易價格記錄，對此的數據更能取信買賣方。因為交易過程中有資金流向之證明，更能避免假買賣作價之行為產生。

## 實價登錄後至資訊公開時間應即時為宜

一般來說，成交行情的查詢就是要即時公開，才有參考之價值，現況是移轉登記後三十日內申報，主管機關再審核 15 天才公開，其實從成交到民眾可查詢已 2 個月之久，這樣一來其價格記錄是否能呈現現在市場的真實交易及參考？

### 因應對策

修訂移轉登記日有三十日的期限，移轉登記日時同步申報，書審無誤即應開放公開查詢，才有查詢參考之價值。

綜合以上所說的，其實房屋仲介業的職責就是應盡「告知的義務」及應盡「查證的責任」，這二大義務與責任是房屋仲介業的經紀人員所必須做到的。因為房屋仲介業者本身就有充分掌握房地產相關資訊來源的能力，同時對買、賣方而言也是信賴的服務業，在這樣的信賴基礎上，才有委託賣屋及委託要約斡旋議價等行為產生。

至於實價登錄後是否對業務談判造成影響？將近60%的經紀人員認為會造成影響，不過已經無法改變的事實，

身為經紀人員及其房屋仲介業者更應改變過去的作業行為；現今而言，主動提供及告知是服務買賣方的基本動作。而實價登錄後房價資訊就一定會公開透明嗎？其實佔比將近50%的受訪者認為不一定會公開透明，所以經紀人員如果深耕商圈的話，本身對該區域行情資訊就會非常熟悉，當你越是熟悉商圈，就算是門牌地址區段化與去識別化，經紀人員也會瞭若指掌，輕易地知道物件的正確地址，當然更容易獲得客戶的信任。

# 實價登錄，其實可以更好

實價登錄其實在美國早已行之有年，他們對於房價非常地透明，而且是採用單一門號進行資料的彙整，讓買賣雙方可以看到透明的資訊，這樣才是對於整體房地產業有正面的影響，所以建議主管機關或是房仲經紀人及買賣方，可以思考如何精進並善用實價登錄，這樣才是正確的方法。依照現在實務上的作業模式對於法令修正及業者的使用價格資訊產生的問題及買賣方應注意之建議，如下表：

## 實價登錄建議事項表

| 對象 | 建議事項 |
|------|----------|
| 主管機關 | 1. 主管機關不宜逕行篩選去除顯著異於市場正常交易價格。<br>2. 實價登錄後價格資訊經書審無誤後應立即公開。 |
| 房仲業 | 1. 必須主動且公平提供雙方當事人類似不動產之交易價格。<br>2. 提供買受人關於不動產必要之資訊，除了買賣價格資訊以外尚必須提供詳實之不動產說明書。 |
| 買賣方 | 1. 主動要求房仲業經紀人員提供近期成交行情資訊。<br>2. 主動要求房仲業經紀人員提供不動產說明書。 |

# 一、對主管機關訂定買賣價格資訊之建議

## （一）主管機關不宜篩選去除顯著異於市場正常交易價格

　　既然已實施實價登錄制度就是要詳實揭露，才有參考之價值，雖有異常價格資訊出現也是要真實呈現，這才是真正的價格資訊透明化。只要在申報書備註欄位註明清楚即可，如有瑕疵-凶宅、海砂、輻射…等的交易價格資訊又有何不可。因此建議政府主管機關有能力可提供卻未公布之重要資訊，例如凶宅火災淹水海砂屋輻射屋等資料，皆應儘速公開查詢，藉以減少購屋糾紛。所以價格異常的高或低也不是不可以，例如全新裝潢，買賣交易價格也會所差距，主管機關剔除認為異常價格反而影響該標未來再轉售查詢的真實性。因此不須剔除認為異常價格資訊，只要在備註欄詳載原因即可。

## （二）實價登錄後價格資訊經書審無誤後應立即公開

　　成交行情的查詢就是要即時，才有參考之價值，現況

是移轉登記後三十日內申報，主管機關再審核 15 天才公開，其實從成交到民眾可查詢已二至三個月之久，這樣一來其價格紀錄是否能呈現現在市場的買賣價格真實交易之參考價值？因此應修訂移轉登記日有三十日的期限，於移轉登記日時同步申報，書審無誤即應公開查詢，才有查詢參考之意義。

## 二、對房仲業者使用買賣價格資訊之建議

### （一）必須主動且公平提供雙方當事人類似不動產之交易價格

　　房仲業提供成交價格資訊來源必須主動且公平提供雙方當事人類似不動產之交易價格，不應依不同買方或賣方而有所選擇性的提供，因此無論對買方或賣方應提供相同之價格資訊，且要詳實提出政府機關實價登錄之價格資訊，若查詢無此價格資訊時可進一步提出自家或參考其他業者買賣交易價格紀錄供買方或賣方參閱並簽名為憑，始能證明有確實及公平提供雙方當事人類似不動產之交易價格，如下表：

## 經紀人員對賣方使用買賣價格資訊作業流程表

| 流程 | 對象與內容<br>經紀人員對賣方 | 法令規定 | 標準 |
|---|---|---|---|
| 委託前 | 1. 必須提供近三個月成交行情。 | 有規定 | 有 |
| 委託前 | 2. 列印書面成交行情表請屋主簽名，表示房屋仲介業有提供。 | 無明確規範 | 須規範 |
| 委託前 | 3. 雙方各執一份，以示有明確提供行情。 | 無明確規範 | 須規範 |
| 委託後 | 4. 簽立委託書後須製作不動產說明書。 | 有規定 | 有 |
| 委託後 | 5. 製作完成不動產說明書須屋主簽名確認內容無誤，始可對買方解說。 | 有規定 | 有 |
| 委託後 | 6. 不動產說明書內附成交行情。 | 無明確規範 | 須規範 |

## 經紀人員對買方使用買賣價格資訊作業流程表

| 流程 | 對象與內容<br>經紀人員對買方 | 法令規定 | 標準 |
|---|---|---|---|
| 銷售帶看、收斡前 | 1. 須以不動產說明書對買方解說。 | 有規定 | 有 |
| | 2. 提供成交行情。 | 有規定 | 有 |
| | 3. 解說人解說不動產說明書後買方需簽名，以示有說明。 | 無明確規範買方需簽名，僅規範解說人需簽名。 | 須規範 |
| | 4. 房屋仲介業有提供成交行情表，買方必須簽名，以示有提供。 | 無明確規範 | |
| | 5. 雙方各執一份，以示有明確提供行情。 | 無明確規範 | |

### （二）提供買受人關於不動產必要之資訊，除了買賣價格資訊以外尚必須提供詳實之不動產說明書。

提供買受人關於不動產必要之資訊，除了買賣價格資訊以外尚必須提供詳實之不動產說明書供買方參閱並詳實解說有無瑕疵，其內容應包括：產權相關資料的審查及應告知重要注意事項、現場實況調查有無嫌惡鄰避設施、及詢問相關鄰居或管理人員或管委會的調查，才是盡責的房屋仲介業者及經紀人員。

## 三、對買賣方使用買賣價格資訊之建議

（一）主動要求房屋仲介業經紀人員提供近期成交行情資訊如實價登錄公開資訊為首要，及自行先上網查詢政府機關實價登錄行情以利比對房屋仲介業經紀人員所提供資訊是否相吻合，再決定是否接受該業者進行接續的流程服務。

（二）要求房屋仲介業提供不動產說明書，這是買方應有的基本權利在看屋過程中即要要求銷售人員提供不得推諉，倘若有遲遲未提供時本身即應考量是否繼續再於該業者洽談。

# 你不可不知的奢侈稅效應

奢侈稅推出以來，很多人一直在討論，針對奢侈稅廢除與否吵得沸沸揚揚，個人認為，維持原案或延長課稅期間也無妨，反正成本都是由買方負擔，相對房價又上漲不好嗎？政府請您多等等賺更多不好嗎？此時有一群人跑出來叫罵，民不聊生會害死產業，真的嗎？還是會卡死一堆投機者？其實是想炒短線，賺了就落跑，這就是名符其實的投機者，如果讓這些人持續炒房，導致全民瘋狂那還得了！所以不見得奢侈稅有害無益。

事實上很多投資客，這幾年忽然發現，2011 年 6 月奢侈稅推行前真是太好賺了，一轉手淨賺至少好幾百萬，可以哄抬房價，房價全面上漲，現在遇到奢侈稅只好先休兵，有什麼不好？常說：有賺錢要偷偷賺，不要公然說擁有幾十間或上百間，或是賺幾千萬獲利上億的持有交易，這樣國稅局肯定找上您，是吧！

實務上，持有房產的人有兩種稅一定要申報。一、出租所得稅：許多房東都未報或短報或漏報（太小咖暫時稅務員沒人力理你）。二、出售房屋所得稅：這是實質課稅，已偷偷在執行了！想透過人頭規避奢侈稅，也越來

不可行了！因為現在是電腦連線，一連上資料庫將會無所
遁形，只要獲利沒申報，國稅局早晚找上門。因此，政府
抑制的是投機者、鼓勵投資者，雖然交易量是縮減，業績
卻大幅提升，原因是房價穩定上漲，而非讓房價忽高忽
低，這樣反而全民受害！

# 第三章

# 雲端房仲
# 如何打造個人品牌

## 發現困境，改變環境！

　　傳統 op（open house）在馬路，現在 op 在網路，網路取代馬路時代早已來臨，在這進化過程中，每天還是有房仲經紀人大量在狂撒DM在各大街頭巷尾，促使環保人員拼命在後釣魚蒐證舉發，此戲碼目前仍在大街小巷熱烈上演。相對的，也有部分房仲經紀人開始在臉書社群交流物件，但是臉書並非專為房仲業建置，加上交流人員無管理機制，導致潛藏交易風險。

　　房仲經紀人品牌形象，是建立在對客戶能否快速提供資訊，以及保持平台通路暢流上。而資訊取用的快速與否，仰賴行動裝置的便利，房仲經紀人具備智慧型手機已是普遍的常識，但是能善用的人卻不多見，原因在於沒有適合的應用軟體！

### 改變方法

　　對於房仲經紀人而言，如何達成公司、房仲經紀人與客戶能夠三贏，才是解決之道。為了達成這樣的目標，房仲經紀人建置私有雲的客戶資料庫，是勢在必行！房仲經

紀人可以將尚未簽定委託契約的客戶資料，以及潛在買方資料，建置在自己的私有雲上，可以客製化精準行銷，達到早日成交之運作。

經營客戶服務要提升，如何讓客感受貴賓級的隱密物件資訊提供是相當重要的，及最新市場訊息電子報也是隱密性的發送，否則就會變成垃圾郵件無法彰顯專業性。傳統影音及照片網站賞屋已無法滿足買方的期待，唯有快速提供 720 度虛擬實境賞屋，應用手機拍攝環景照片立即上傳圖檔簡單便利，更能促進成交之機會。

能對客戶提專屬帳密的平台才能堪稱服務是貴賓級，否則房仲經紀人談不上對客戶是貴賓級的服務。行動裝置已普遍化，如果能搭配專業系統軟體應用，才能極大化工具的效果，真正達到為客戶精準量身打造服務。

## 先有知名度才會有指名度

先提三個問題讓大家思考：

一、「消費者買賣房子的時候，重視的是公司品牌，還是您個人知名度？」

二、「客戶買賣房子的時候，會不會上網蒐集經紀人員的相關資訊？」

三、「一間幾百萬、千萬，甚至上億的交易，客戶會交給不認識的經紀人員嗎？」

不可諱言，大多對房仲業不了解的消費者，第一首選一定是大品牌，主因是分店多是「直營店」，有健全體制及一定規模，提供保障相對較多，這是其他品牌或個人無法比擬的。或許會想，這樣的話其他品牌的經紀人員不就混不下去了？所以會問另一個問題：「消費者會選擇直營品牌大公司的菜鳥經紀人員，還是加盟品牌或獨立品牌的資深經紀人員？」答案恐怕就不一定，有人還是會選擇大公司，也有人會選擇資深的房仲經紀人。這樣的結果鼓勵不是在大品牌的經紀人員，只要自己肯努力、認真地做，即使是在大品牌公司旗下的經紀人，也有可能被你打敗。

有許多新進的房仲經紀人會擔心，很多資深經紀人員

在業界都已經有知名度,論經驗跟資歷,怎麼輪得到我?事實上並非如此。過去房仲經紀人的確要靠人脈、店頭等拉攏客戶,許多的資訊也都掌握在資深經紀人員手裡,新進的經紀人員的確很吃虧。但隨著網路科技與行動裝置的發展,產生了「數位落差」,這對新進經紀人員反而是一大利多。很多資深經紀人員不願意、也不知道如何使用這些數位商品,但是新進經紀人員卻可以善用這些資源,在短短幾個月當中打造屬於自己的「數位品牌」,當然就有機會跟資深經紀人員或是大品牌的經紀人員一較高下。

為什麼?「數位落差」有這麼神奇?

站在客戶的角度來想,現代人的生活幾乎離不開網路,有任何問題一定都要上網搜尋一下,如果今天輸入經紀人員的名字,卻在網路上沒有任何資訊,客戶會敢把案子交給這位經紀人員嗎?當然不敢!多數的經紀人員仍停留在傳統思維,只懂得在街上發放傳單、派報、小蜜蜂,這樣都已經落伍了!不懂得善用網路與雲端系統的威力,開始建置屬於自己的「數位品牌」,將會逐漸被淘汰,這就是「數位落差」。

當你在網路上有了知名度之後,客戶搜尋到你的文章、照片或是物件,自然就會認為你是這方面的專業,你在客戶心中就建立了「個人數位品牌」,未來要買賣房子

的時候，自然就會第一個想到你，這就是「先有知名度才會有指名度」！

# 知名度才會有指名度

網路資訊
自己 PO

指名度

知名度

# 打造「數位品牌」，成為專業人士

頂尖房仲經紀人都了解，建立個人品牌是業務長青的不二法門。當你建立個人品牌之後，代表你在房地產方面是專家，客戶有任何問題、需求，自然都會想要來找你，這就是建立個人品牌。而把這樣的觀念，移植到網路上就變成「個人數位品牌」。

透過人脈所建立的品牌，跟數位建立品牌是截然不同的一件事情。過去想要建立個人品牌，通常需要在職場上有不凡的表現、好的績效，而且要能夠跟別人交際，讓更多人認識你，最好可以見報（當然是好的消息見報）、出書或是上媒體，這樣才能建立自己的品牌知名度，通常需要三、五年的時間。

但是在網路上的操作方法卻截然不同。想要建立數位品牌，最重要的是你是否能「被搜尋到」！要怎樣容易被搜尋到呢？這就要看你如何建立數位品牌！剛開始建立數位品牌的時候，需要比較長的時間，就像是聰明漁夫一樣，要花更多的時間在建置龍蝦籠子，但是當你打響「數位品牌」之後，就容易被搜尋到，知名度也就會增加，就會得到客戶的信賴。

要如何開始建立數位品牌呢？首先一定要有自己的網站或部落格，那就是你在網路上的個人店面，在設立個人網站或部落格的時候，一定要站在消費者的角度思考，模擬消費者的心態與習性，就會了解大多數的消費者，還是會從自己信賴的品牌或產品開始了解，這時候就知道提供什麼樣的資訊，可以讓消費者產生信賴度，進而建立自己的數位品牌。

## 如何打造個人品牌

　　當你擁有自己的網站或部落格之後，再來就是要如何打造自己的品牌。

　　對於房仲經紀人來說，自己的名字就是品牌，不管你在哪個房仲業者，你一定要把調整自己的心態，你不再是受僱的員工，而是老闆！一定要堅定地確立想法：決定成功，我，就是老闆！所以要讓客戶認識你，端賴你有甚麼「家事背景」開始。

　　要成為優秀的房仲經紀人，就要加強內在專業度，取得證照是第一個要具備的方式，大環境的變化，房仲業的競爭對手已不限於自家人，金融服務業已悄悄跨界，某些消費族群想要購屋賣屋時，第一個諮詢的對象也有可能是

## 想法～決定成功

※有誰是老闆？

※自己當自己是老闆？

# 我，就是老闆

金融服務業的理財專員。尤其金融業對房地產及相關投資項目的靈敏度很高，又能清楚掌握貸款利率、相關法令等等，越來越讓消費者依賴。

要期許自己成為一位房地產專家，建議應該以房地產為核心，必備至少五張專業證照：

1. 不動產經紀營業員（或不動產經紀人證書）
2. 信託業務專業測驗合格證明書
3. 產物保險資格測驗合格證
4. 人身保險資格測驗合格證書
5. 投資型保險商品資格測驗合格證

在這些證照之外，還要有市場分析的立論基礎。此外，自己也要成為通路商，物件資料攫取不可少；財經知識要充實，閱讀財經新聞、廣播、財經相關報章雜誌等；還有就是要善用網路平台，網站、部落格要經營。

## 加強內在專業形象

現在流行證照風

我們的競爭對手 VS 金融服務業

自許房地產專家

1. 不動產經紀營業員（或不動產經紀人證書）
2. 信託業務專業測驗合格證明書
3. 產物保險資格測驗合格證
4. 人身保險資格測驗合格證書
5. 投資型保險商品資格測驗合格證。

## 高人一等

- 專業加強
- （證照）必備至少 5 張
- 以房產為核心

- 自己就是通路商（仲介）
- 財經知識充

　（電視／廣播／報紙／雜誌）
- 擅用網路平台

　（會電腦／部落格）

# 如何自我介紹

在網路上搜尋到你的客戶，當然對你很陌生，所以你就要懂得如何自我介紹。什麼樣的自我介紹可以很快地讓客戶對你產生信賴與信任感？很多人的自我介紹通常是這樣：

我是 OOO

目前從事 XXX 工作

請大家多多指教！

這些只是基本的自我介紹問候語，消費者看到或聽到這樣的自我介紹，一定是沒有任何感覺。要去想想看，有什麼是消費者會要想知道的，而且會對你印象深刻的呢？一般來說，消費者看到你的網站或部落格的時候，一定會想要知道下列六項訊息：

1. 你是誰？
2. 從哪裡來？
3. 學歷？
4. 從業多久？
5. 不動產專業度？
6. 仲介能力？成交數？

好好想想這些問題，然後把這些答案串連起來，成為一個自我介紹的稿子，放在網路上面，讓客戶可以認識你。好的自我介紹會讓人願意跟你交流；客戶越認識你，就越容易產生信任感。自然就會帶來更多的商機！

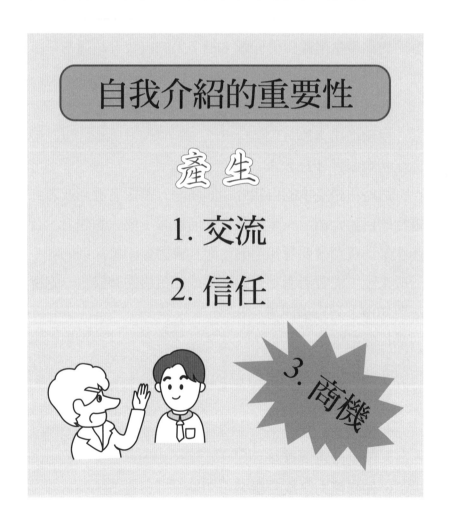

自我介紹的重要性

產生

1. 交流

2. 信任

3. 商機

# 如何呈現個人簡歷

個人簡歷需具備

1. 個人專業寫真照片

2. 完整呈現的個人履歷

不管販售的是什麼樣的商品，能看見房仲經紀人照片，就能產生自動地為商品加分的效果，試想，買方或賣方在尋找經紀人時，對美女或帥哥的照片是否比較容易留下好的第一印象，連帶影響決策，優先考慮與您合作。這是經過調查實證的統計數據。有照片的名片絕對勝過沒有照片的，一定要有自己一張能展現專業與自信的個人照，請專業攝影師至攝影棚拍攝，這是必要的投資。

專業寫真的可從，「人要衣裝、佛要金裝」開始，男性的房仲經紀人請穿西裝打領帶；女性請穿著套裝。如果有品牌制服，一定要穿，既然已花了大筆加盟費，就要把認同的品牌穿在身上，傳達給消費者專業的視覺形象。

很多人都知道第一印象很重要，但如果只著重在照片上，這樣是還不夠的！第一印象是吸引客戶，第二印象是完整履歷才是決定客戶信任的關鍵。當你有了美美的照片營造好的第一印象來提高客戶瀏覽率後，再來就是要準備

打造好的第二印象，建議要從以下的個人資料開始著手：

 1. 學歷、經歷。

 2. 證照。

 3. 得獎資料。

 4. 媒體訪問。

 5. 公益服務。

## ⚡ 學歷、經歷

  別人要認識你，首先需要知道你的背景，最基本的就是學歷，要讓人家知道是什麼學校畢業，在多數人的心理，學歷越高越容易產生專業的信賴。但如果學歷不高怎麼辦？除了正規的教育體系之外，有些訓練課程也會讓任信賴，譬如說政府開辦的專業課程、民間舉辦的訓練課程、公司提供的進修課程或是大學的進修推廣等，都可以彌補學歷的落差。透過這些課程，客戶可以看見你的認真與投入，自然也會產生信賴感。我常說：「學歷經歷造就學力，而後產生學習利益而獲利」！

## ⚡ 證照

  除了學歷之外，擁有證照也是增加信任度的好方法，剛剛有提到五張基本證照，這些都是國家認定的證照，可

以在履歷專業介紹增添多筆記錄。除了剛剛提到的房地產、金融證照之外，如果有水電證照、建築相關技師、地政士等證照，也是加分的項目。

### 得獎資料

不管是在公司內部或是房地產相關獎項，只要獲獎、獲表揚，或者與頒獎人合影等照片資料都可以放到你的個人簡歷之中，這代表你的專業度、房仲能力，都是獲得許多人的肯定！

### 媒體訪問

如有上過媒體、接受新聞專訪或採訪，這些照片文字資料都要整理發佈到網路上，才能提高被找到的機率。

### 公益服務

像是參加過社團（如：獅子會、扶輪社、青商會、宗親會、同鄉會、慈濟功德會、慈善基金會…等）、熱心公益活動（如：捐血活動、愛心勸募）等，這種公益服務活動的資訊越多越好。

## 個人簡歷表範例

姓名：施亮州
籍貫：彰化縣鹿港鎮
電子信箱：slc0932@hotmail.com

一、學歷
1. 中國文化大學建築及都市設計研究所　碩士
2. 世新大學廣播電視電影系　學士
3. 元培醫專醫檢科（元培科技大學）

二、資歷
1. 富旺國際開發（股）公司　協理
2. 有巢氏房屋　民生敦北加盟店　顧問
3. 信義房屋　商仲部豪宅組　組長
4. 信義房屋　店長

三、專業證照
1. 台北市政府地政處不動產經紀人證書
2. 考試院不動產經紀人考試及格證書
3. 信託業務專業測驗合格證明書
4. 產物保險資格測驗合格證
5. 人身保險資格測驗合格證書
6. 投資型保險商品資格測驗合格證
7. 考試院醫事檢驗師考試及格證書
8. 醫事檢驗師證書

四、著作出版
1. （2014），房仲高手雲端行銷，世茂出版首刷。
2. （2008），房仲高手成交關鍵，世茂出版 10 刷。
3. （2006），千萬年薪的房仲高手（修訂版附 CD），世茂出版 14 刷。
4. （2004），千萬年薪的房仲高手，世茂出版 6 刷。

# 個人簡歷表範例（續）

五、攝影獲獎
（1989）第三屆 konic 全國學生攝影大賽金牌獎
（1989）第三屆 konic 全國學生攝影大賽人像特別獎

六、媒體訪問
中天新聞／壹電視／公共電視／年代新聞／ TVBS 新聞／超視電視／中天綜合／非凡商業／東森娛樂／三立電視／緯來綜合台／工商時報／經濟日報專訪……等

七、公益服務
中華民國彰化同鄉總會 組織發展委員會副主委
台北市彰化縣同鄉會 青年工作委員會主任委員

八、最夯培訓
2013 年　雲端業務工程師　結業

## 打響數位品牌，成為客戶心中的NO1

## 如何寫文章

好的文章不在於長篇大論，而在於能否引起他人認同或共鳴，有時縱然是反對意見也無妨，這就是輿論。經過別人回應或留言的意見，可以用來修改或修正自己的方向。像微網誌的字數就不在多，限制在 140 個字以內，好的文章不在字多，而是在精要。

在此要特別要推薦一位不動產前輩，算是房地產業界的國寶級人物——陳銘福教授，他是三照高手，地政士、不動經紀人、不動產估價師，三個身份集一身。尤其，不動產估價師還獲得狀元榜首封號，撰寫文章更是一流，在陳銘福老師的 Facebook 上，就可讀到很多精撰的絕妙佳句，老師內涵之豐碩，值得後輩們觀摩與學習。

文章的撰寫方向，可以給大家幾個建議，不妨從人文、社區新鮮事、自己成交的小故事，或者讀書心得開始。慢慢嘗試增加文字撰寫量與照片數量，日積月累，讀寫的功力必然大增。要寫、要發文或放照片，都是在逼自

己成長，想成功，就要考驗自己的毅力。不過再怎麼有毅力，還是會腸思枯竭、碰到瓶頸，此時最好的方法就是廣泛閱讀，參閱他人文章寫法，雖不是人人都能成為大文豪，文思泉湧不斷，若靠後天努力也同樣能達成。

很多人的網站或 FB，僅以轉貼他人文章來充實內容，這樣的人，是貼手而不是寫手，如果對方沒付你錢，那你只是在幫別人白做工而已。部落格經營也是一門高深的學問，絕對不可單憑轉貼文章，試圖提升點閱率所能達成。萬事起頭難，但不起步，只會更難。

# 攝影技巧是必學之能力

　　首先，很多人會問，傻瓜相機能拍出好照片嗎？或者，要花多少錢買什麼樣等級的相機？現在數位相機的技術已算是相當成熟，傻瓜相機能否拍出好照片，目前已經不是問題，只是相機沒壞，新式機種不斷推陳出新，不過一分錢一分貨幾千元與上萬元所拍攝出來的畫質還是有差別的，還有差異是在機械反應速度，越貴的反應越靈敏，便宜貨當然反應較遲鈍。

## 拍照相機分析

| 項目＼種類 | 手機 | 數位相機 | 單眼相機 |
|---|---|---|---|
| 像數 | 800 萬以上 | 1000 萬以上 | 1600 萬以上 |
| 價格 | 1 萬元以上 | 1 萬元以上 | 2 萬元以上 |
| 鏡頭 | 一般 | 廣角 25mm | 10-20mm |

## 拍攝角度怎麼抓

　　拍照的基本要件——1.明亮光線、2.寬廣空間、3.鮮明色彩，再結合「拍照五感」。

拍攝角度首重要件就是鏡頭要廣角（10～25mm），這是拍攝房子最重要的關鍵，鏡頭不寬廣反而讓房子空間顯得渺小，除非房子特別大才不一定得用廣角鏡頭，因為在網路上瀏覽時照片就已經夠小了320x480或大一些，也不可能太大張頂多720x480就已經夠大張。要如何在照片中呈現出房子的「大」，就有賴「廣角鏡頭」來展現。傻瓜相機至少是25mm鏡頭不要用標準鏡頭35mm以上。而單眼相機就是要10～20mm廣角鏡頭，千萬不要用魚眼鏡頭來拍，因為景象都會扭曲變形。拍攝前器材要先確定清楚，否則在怎麼拍就是不對味。

　　房子外型通常是仰角拍攝，以展現出雄偉的外觀，客廳、餐廳、房間從對角拍攝，任何一個空間的形成至少要有五個構面才行，呈現出寬闊的感覺，禁忌只攝二個牆面，會令人不知所云所攝何物。景觀往外拍攝通常採用俯視角鏡頭向下傾斜拍攝。衛浴間有鏡子宜避免人物出現在鏡中，俗稱穿幫畫面。室內景物需整理整齊再拍攝，避免雜亂情景感覺出現。室內燈光一定要全開再拍攝，當窗外亮度比室內亮時，可加閃光燈補足光源，就可避免相機自動測光的誤判。

## ◤ 拍照五感要到位

嗅～裝潢典雅的客廳有擺盆美麗的花，要拍出花的香
　　氣。

視～拍出視線延伸的空間寬廣感。

味～品味也是一種味。擺設、建材、陳列格局等。
　　不見得是香噴噴的料理之味才是。

聽～鳥語花香、臨公園面林蔭大樹，晨起有蟲鳴鳥
　　叫，夏日午後有蟬鳴。

觸～看得到粗細的紋理就能拍出觸感。


如果能運用五感融入攝影讓照片俱足，就會發現在無
意之間，把成交距離拉近了。（範例圖）

## 環景攝影

房仲業為買方介紹物件還在只用照片嗎？

只憑幾張照片就要引起買方購買及決定的意願嗎？

不容易吧？

試想：如果能把屋況現場帶到買方眼前，這對買方是否會引起更大的注意力？

從 Google maps 谷歌地圖及 Google earth 谷歌地球把周遭環境從平面到立體透過 3D 展示的技術功能，人不用親臨現場透過電腦 PC 或智慧型手機或平板電腦即可導覽現場的真實感已經引起震撼，這就是照相合成技術科技化的優勢。

環景攝影 DMD Panorama 必備此應用軟體，操作相當簡單上手，尚未下載類似功能者就比人家遜。試問無類似此功能如何詳盡介紹該房子室內任一物況呢？還在只出一張嘴走片江湖嗎？當你出示平板（9.7～12.2 吋）秀出此 360 度環景圖時（如下圖），相信客戶絕對對您刮目相看，專業度絕對加分！

圓山大飯店大廳 360 度環景圖

　　這要感謝行動裝置的進化，更要感謝已故美國賈伯斯的發明與貢獻，也顛覆人們的生活行為，現在幾乎都已入侵在你我周遭生活之中不是嗎？因此「即知即行」是非常重要的。

　　環景拍攝早期的製作方法是連拍水平照片 4～8 張照片不等再經由後製軟體編輯，光是此製作方法可能百分之 99 的房仲經紀人就掛點了，不會操作，相對至今仍不普及，更談不上如何呈現在客戶面前。

　　至今有此 720 度全景攝影物件呈現在網站也只有少數幾家房仲業者做到，而且還是委由專業社攝影師拍攝及後

製再上傳網站。光是這樣製作合成手續至少要花 3 天以上的工作天才能上架完成。試問這樣已經錯過多少銷售展示機會？

　　而且礙於人力薪資成本，不是每個物件都會拍攝環景介紹，這也是目前推展困境之處，原因要專人、專責、專業技術，試問房仲業經紀人有多少人會此項技術，可能少之又少吧。

　　環景展售物件是非常重要的，只給客戶看看幾張照片，就算幾十張照片也都是片段的，包括用攝影機 DV 拍攝也難呈現全貌。因此在現階段要推動每個物件必須人人

業務親自拍攝環景要容易，不用專業技術就能達成，有此方法嗎？

　　當然有囉！就是經由手機或平板透過 DMD panorama 環景攝影 APP 站在拍攝正中央環繞一圈拍攝 13 張照片即刻自動就可完成 360 度環景攝影，再經由資訊業者已開發上架系統上傳，不到 10 分鐘即可完該物件展售的網頁，並馬上把該網頁的網址 mail 到客戶智慧手機中，客戶可經由電腦、手機、平板，接收 mail 之後上網連結，即可詳細看該物件 360 度屋內的景象。

　　此舉已大大顛覆現況房仲經紀人難以即時提供屋況的技術，一定要約客戶來現場才能端詳房屋嗎？身為房仲經紀人的您，若能領先其他房仲經紀人擁有此展售方案，相信對開發屋主簽委託更是如虎添翼，在屋主家您當場就可以完成所有房間隔局 360 度的環景攝影並上傳系統即刻展示在屋主面前，同時可以告訴屋主我馬上可以透過手機 Line 給所有誠意的買方。

　　試問現在有多少房仲房仲經紀人能如此操刀呢？答案應該沒有吧！除非他也擁有該資訊業者所提供的系統，才能展示銷售。所以想要真實呈現物件屋況及快速，此解決方案絕對是首選。

　　現在已有資訊公司研發新進技術，普及每個經紀人

員；此技術目前已成熟，因此想繼續成為房仲領導品牌，佔擁商機，此 720 度全景看屋拍攝技術，快速、簡單、方便，肯定是必要的資訊服務。在房仲業必再度掀起房仲科技大戰。

# 第四章
## 運用雲端科技，
## 銷售無往不利

# 變身行動經紀人

在傳統店面的經營上，經紀人員最常碰到的狀況是時效性的問題，現在我們來模擬一下類似的場景：

## 場景一、店頭秘書來電話

秘書：小王啊，剛剛有位張太太來電急著詢問天下豪邸住家，麻煩您回他電話好嗎？

小王：秘書，我物件資料都在店裡，我回店再跟他說明好了。

（電話就這樣切斷了……）

秘書心裡 OS：哇哩咧，這樣怎麼抓得住客戶？

## 場景二、回店後小王電話聯繫

小王：張太太您好，我是 xx 房屋經紀人小王，您有來電詢問天下豪邸住家……

張太太：喔，不用了，我等了很久都沒人回電給我，我已經跟別家仲介公司要資料了。

小王：（客戶電話已經切斷）嘟……嘟……嘟……

小王心理可能還會犯滴咕：沒禮貌，等都不能等，澳洲來的客戶喔！

這種案例，幾乎每天都在房仲店頭發生，可說是屢見不鮮，房仲經紀人竟也不以為意，認為反正不會成交，何必在乎這個客人。

身為房仲經紀人，從這段故事中，你學習到哪些事？

如果您是小王，你會怎麼處理？如何在第一時間做回應？

請寫在下面的空格當中：

_____

_____

_____


## 場景一、傳統作法

傳統型積極經紀人小王會這樣做，接到秘書通知，立刻致電給張太太，說明人在外面不方便，回到公司後會立即把詳細資料調閱出來，再回電。通常客戶的回應都會說好。

不過也有可能客戶會說：等會要出門了，那就再連絡

吧……然後，就沒下文。

## 場景二、雲端經紀人新作法

雲端經紀人小王接到秘書通知後，使用網路科技工具查詢到該物件資料，立刻回報：張太太您好，我是OO房屋小王，您剛剛詢問的房子，基本資料是………這間物件非常搶手，屋主說若有喜歡，價格可談。

請問您方便看屋的時間是………（直接就在電話中進行邀約動作，標準的業務手法。）

傳統經紀人小王，會折騰了好久，可能連客戶的面都碰不到。

雲端經紀人小王，在最短時間內順利約到客戶看屋時間。

您是哪一種經紀人呢？

現代競爭白熱化，好不容易來了一通珍貴的電話，業務有句名言：「電話一響，黃金萬兩。」怎能不好好把握寶貴的客戶。但縱然如傳統的積極小王，沒有後續配套裝置或輔助工具，再怎麼努力也枉然。三 C（註3）產品盛行當道，重要的是，您觀念跟上了嗎？行動了嗎？服務做到位，業績也才會到位。

（註3） 三 C：經由電腦（Computer）、通訊（Communica-
tion）、消費性電子（Consumer Electronics）皆可在任何時
間與地方，存取資訊，互相溝通，提供自在（Comfort-
able）、便利（Convenient）及聯繫（Connection）之服
務。

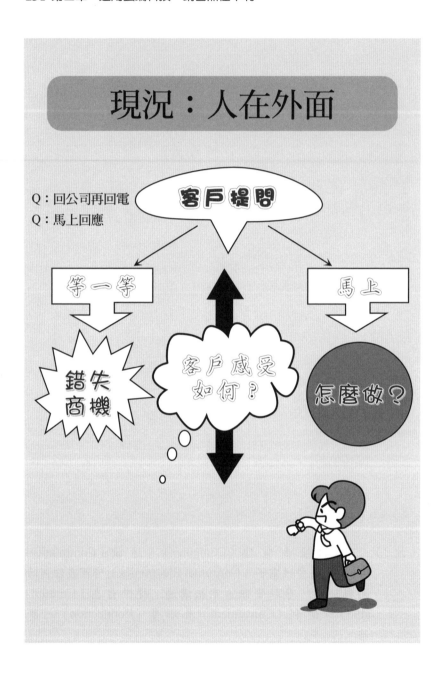

# 物件怎樣在網路上曝光

要進行網路行銷曝光之前,一定要了解網路最強大的幾種特性:

### 一、影響性

網路是無遠弗屆,影響力沒有地域的限制,就算你的店面在台北市,也會有高雄市的人會找上你。

### 二、時間累積性

在網路上所做的一切都具有累積性,只要有人點閱一次你的文章或物件,都會留下點閱率,增加排名率。

### 三、分享性

網路上的一切,都可以透過社交軟體或是電子信箱進行分享,可以讓人自由地轉載,只要你的文章或物件夠吸引人,都會讓人願意轉貼。

我們可以說:羅馬不是一天造成的,網路經營也一樣。網路行銷可以很快速,但也要持續,否則只會曇花一

現，根本沒有作用。只要願意好好地經營你的網路店面，長時間所累積的效果是非常難以想像。而網路最有威力的特性，就是網路分享，藉著廣大網眾們的傳播，有可能會成為一張牢不可破的蜘蛛網絡。

## 房仲經紀人如何運用「熱門關鍵字」

簡單地說，熱門關鍵字就是重要的字，大家都耳熟能詳的字詞，就是你我都可以講得出來，再通俗不過的字眼。好的關鍵字容易被搜尋，就容易被找到。如果你要把物件刊登在網路上的話，例如：社區大樓名稱，這就是關鍵字，很多房仲經紀人物件上網後就等待，只做這樣是不夠的，要定期去檢討點閱率、追蹤成效，如果自己都不容易找到，客戶怎麼能搜尋得到呢？

以店面為例：店面物件這麼多，命名變得十分重要，要讓大家最容易搜尋。還有一種方式就是花錢買關鍵字，增加曝光機會，因為動輒上千上億的店面買主得來不易，因此小額付費仍是值得的，但是只要被點閱就得付費，通常一個點閱是三元起跳。在搜尋引擎管道有 Yahoo 及 Google 都要去花錢買關鍵字。

## 行銷物件如何吸睛之展售

當手上有適合的物件的時候，要怎樣展示給消費者看呢？

一般來說，可以有三種管道可以展示給消費者：

1. 當面呈給客戶看
2. 網路曝光給客看
3. mail 精準行銷

現在人很忙碌，要當面呈現給客戶的機會越來越少，如果是不能直接面對面，把資訊傳遞給客戶，那訊息要如何傳遞呢？單憑文字簡訊，可能無法詳盡解說物件內容，這時有自己的網站，就能幫上很大的忙。因為透過網站，客戶可以對物件一覽無遺，是一個非常重要的工具。但這些都是屬於被動的展示，如果要積極地行銷物件的話，最重要的就是訊息精準行銷，透過 e-mail、群組方式等，可以把網址、物件內容更詳細地寄送給客戶，這是積極地行銷展示。

如果有機會直接與客戶面對面時，除了提供基本資料及照片外，就是把房子現場 720 度的全景圖透過平板電腦

展示在客戶面前。這樣一來絕對可以讓客戶未到現場時就能事先感受。

因此，如何在第一時間吸睛、讓人留下深刻印象。能吸引消費者駐足瀏覽的，已不再是實體店面櫥窗展示的優勢，傳統店面張貼物件方式已落伍，從許多店頭發現張貼廣告紙都已發黃，可見一般，如果置換成大型電視螢幕六十吋以上，再加上互動看屋功能，肯定吸睛也吸金。網路已逐漸取代這件事情。這已是現在每一位房仲經紀人必須學習，並切身執行的功課。如果真正落實去做的人，業績必能突破瓶頸，更勝以往、大幅成長。

網路行銷要注意的兩個重要因素：文字與圖片。文字指的是內容，什麼樣的文字內容能讓人在一個網頁上，短短幾秒內決定再多留一會，甚而點進連結了解更多細節。圖片指的可能包括照片、圖表或影片。照片現已升級至環景照片，不只配備要升級，製作與呈現方式也都要升級。

文字照片，再加上聲音影片，這已是基本配備，有些房仲公司的網站還會用類似導遊在解說房子現場來錄製影片，由經紀人員帶您在網路上看好屋，剛推出時，製造了親切感，確實造成吸睛效果。但這樣的拍攝或製作手法，金錢與人力且花時間，成本皆不低，並不是人人都能負擔得了，因此現況大都停止此種影片拍攝錄製。

## 物件曝光的重要關鍵

售價便宜：物件低於市場行情價，破盤價跳樓大拍
　　　　　賣，就容易引人注意。如特別標明鬼屋或
　　　　　凶宅……。

照片鮮明：照片色彩明亮，視野寬廣自然引人注意，
　　　　　反之黑黑暗暗雜亂無章點閱率就低，照片
　　　　　不只明亮特別是藍天、紅色建物內外觀、
　　　　　黃色裝潢，特別引人注視。

文案特色：具有有關鍵字，寫了一大堆形容詞無濟於
　　　　　事，而是地名、學區、交通要塞之地、、
　　　　　等之名詞。

### 物件如何介紹才完整

　　房屋物件的種類有至少 10 種以上，很多的詞彙都會
讓人眼花撩亂，對於新進的經紀人員而言，要怎麼介紹才
能讓客戶一下子就了解？官方對於房地交易房屋用途類別
定義如下：

　　房地交易房屋用途類別如下：

1. 公寓：5 層樓含以下無電梯之住宅。

2. 透天住宅：全棟單一門牌之住宅。

3. 店面（店舖）：1 樓或含 1 樓以上供商業使用。

4. 辦公商業大樓：供商業及辦公室使用。

5. 住宅大樓：11 層含以上有電梯之住宅。

6. 華廈：10 層樓含以下有電梯之住宅。

7. 套房：1 房 1 廳 1 衛之住宅。

8. 工廠：含生產、製造之工業使用廠房、廠區。

9. 廠辦：含生產、製造及辦公室之使用。

10. 農舍：農業用地供與農業經營不可分離之土地改良物。

11. 倉庫：儲藏貨物之建築物。

## 物件明細應包括哪些？

1. 謄本基本資料（門牌、屋齡、坪數、用途、建築結構…）

2. 房屋特色（物件描述）

3. 照片（至少六張以上）

4. 影音看屋（照片匯製成影片）

5. 物件格局圖

6. 地理位置圖（Google maps）

7. 周遭成交行情（實價登錄資料）

8. 互動看屋（720 度全景圖）

9. 街景（Google maps）

10. 生活圈機能資訊：例如

　　鄰近小學為何

　　鄰近公園有哪些

　　捷運距離為何

11. 物件網頁資料有 QR code

12. 嫌惡設施的調查

13. 使用分區

## 如何拍出好照片、寫好文字敘述

　　現在多數售屋照片，都只能呈現出房屋的一張張照片，始終無法讓客戶在網站上，就可以詳細地看清楚房子的場景全貌，想要清楚房屋的全貌，客戶就一定要到房屋現場，才能清楚了解房屋的狀況。一間房子從看屋到離開至少都要花上一兩個鐘頭，看 3 間房屋就要花上半天，難道就只能做這麼浪費時間的事情，沒辦法突破這樣的方式嗎？消費者也只能接受這種不進步又浪費時間的方式嗎？真的沒辦法事先讓消費者一次看個清楚屋況，中意之後再

前往，以減少彼此寶貴的時間？

　　事實上，依照現在的科技來說，以上的問題都有解決方法。只要你懂得影像處理的技巧，要解決這樣的困擾並非不可能！首先，如何做好網路視覺呈現，是最重要的一個考量點。因為這樣網路視覺呈現的好壞，足以左右消費者停留的時間，進而決定是否點閱物件詳情。一般來說，網路上面刊登的物件如果沒有照片，客戶根本不會點進來看。有的經紀人員常說，網頁 PO 上十分詳盡的照片與資料，容易被同業踩線，心裡感到很痛恨，乾脆不放任何照片。這樣的作法是因噎廢食，本末倒置。

　　新作法如下：

　　簽立委託後，立即拍攝 360 度環景或 720 度全景照片，即可進行客製化資料上傳到該平台，並且馬上傳送精準資訊到客戶智慧型手機中，這是目前房仲業鮮少能提供此服務，如果有的話，更能搶得銷售先機。現況房仲業如果把資訊在網路上 PO 的太詳細反而有被同業踩線的風險，因此採用二段式服務（第一、在網路上依照現在公司網站上架即可，第二、才把 360 度或 720 度全景照片實境提供給客戶觀賞），就能避開同業破壞。

　　何謂客製化？針對客戶需求才提供，不是不了解客戶需求卻拼命提供紙張資訊或 mail 一大堆房市新聞或不合需求物件垃圾訊息。當提供資訊還在用紙張嗎？一來不環保，二來機動性不足，提供售屋資訊要印幾張紙才夠看？如何不合客戶之意，不就通通要作廢丟棄，就談不上所謂機動性可言。因此針對客戶需求是要經過了解之後，應把傳統紙張轉變為網頁板的形式，直接用簡訊或 Line 給客戶（文案內容如下）

> 您好我是房仲經紀人 施亮州
>
> 特別為您設立您的個人專屬VIP賞屋網站
> 網址：http://tableline2.17high.com.tw
> 帳號：????
> 密碼：????
> 歡迎您登入瀏覽!圓夢成家
> 歡迎您來電:09????????竭誠為您服務!

　　客戶根據內容馬上即可用手機點入網址：http://tableline2.17high.com.tw（如下圖範例）

　　並輸入帳號：????密碼：????即顯示下一畫面（如下圖）。

　　除了基本資料照片外，最主要還有360度或720度全景照片虛擬實境可詳細瀏覽，當客戶看了有進一步興趣再來看屋，不就可以節省大家的時間，這是傳統方式辦不到的地方，讓業務與客戶疲於奔命看屋，這就是沒有此虛擬實境平台的障礙。當客戶都詳細瀏覽360度或720度全景照片虛擬實境（VR）之後，再來看屋反而大大縮短考慮的時間。因此針對客戶在帶看前，經紀人員已經把該屋詳盡屋內實境提供，這也是房仲經紀人應盡的責任，這才稱之「服務」，也才是真正的為客戶量身提供的客製化服務。

物件編號：20140101　　　　　　縣市-地區：新北市新店區 231

物件名稱：大台北華城

總地坪：242坪　　　　　　　　總　　價：12000萬元

物件用途：住宅　　　　　　　　物件型式：透天厝、別墅

**▌虛擬實境**

720 度虛擬
實境瀏覽

| | | |
|---|---|---|
| ♠ 社區大門口 | ♠ 社區車道出入口 | ♠ 休閒設施-交誼廳 |
| ♠ 休閒設施-游泳池 | ♠ 1樓客廳 | ♠ 二樓餐廳 |

| | | |
|---|---|---|
| ♠ 社區大門口 | ♠ 社區車道出入口 | ♠ 社區內實景 |
| ♠ 休閒設施~游泳池 | ♠ 休閒設施~交誼廳 | ♠ 休閒設施~健身房 |
| ♠ B1車庫 | ♠ B1梯間 | ♠ 一樓挑高六米客廳 |
| ♠ 二樓餐廳 | ♠ 二樓廚房 | ♠ 二樓廚房一隅 |
| ♠ 二樓梯間 | ♠ 二樓廁所 | ♠ 三樓臥室 |
| ♠ 三樓衛浴 | ♠ 四樓主臥室 | ♠ 四樓主臥衛浴 |
| ♠ 四樓陽台 | ♠ 五樓書房 | ♠ 頂樓陽台 |

Apple
手
機
瀏
覽

**▌房產地圖**

如何拍出吸引買方的照片：基本上顏色要亮麗如大藍天及屋內燈光溫馨肯定吸睛，不要陰暗黑森森的屋況。

如果寫出買方的文字：出現大降價、低於市場行情幾％也會吸買方前來。

## ↗ 影片拍攝困難度

在房仲業界曾經流行過「真人導覽」還轟動一時，立意雖好，但是因為攝影機拍攝及後製剪輯加配樂製作不易，所以影片的製作品質良莠不齊，好的影片不見得會吸引到客戶；壞的影片反而造成反效果。甚至一些上千萬的房子可能會因為房仲經紀人掌鏡不穩，讓該屋價值大打折扣。

對於影片製作來說，如果是帥哥或美女主講，可提高點閱率；但有些房仲經紀人平時口才辨給，一上鏡頭卻結結巴巴，出現反效果。再則，現場收音效果也很難掌控，如果收音不佳，就需要再後製，反而變成一件苦差事。想要做好就必得動用專業攝影規格，果不其然，經紀人介紹房屋影片的方式最後不了了之，無疾而終。

有些房仲經紀人都以為上了影片就能提昇業績，卻忽略影片有幾個致命傷：

第一、影片畫質不佳，反而無法看清房屋內部，消費

者根本不會想看。

第二、配樂單調或調性不對，影響消費者觀看意願。

第三、檔案過大造成播送停滯或累格，這樣的品質消
　　　費者等了一、兩次就不會再點閱進來觀看。

別忘了，消費者的耐心是有限的，如果影片無法提供最好的服務，讓消費者更容易、清楚快速地看到房屋的內容，這些都會對於成交來說有著負面影響，花了大把時間卻還造成反效果，那還不如不要。

## 場景拍攝對房仲業是一大問題

因為照片再怎麼拍，也只能呈現一視角的照片，無法互動觀賞瀏覽，消費者都只能被動式等著業者提供，其實環景 180 度或 360 度或 720 度拍攝技術早在數年前即已存在，只是拍攝需專業攝影師擔任及專業器材設備，導致無法普及應用在房仲業，就像手機早期大哥大時代，現在人手一機而功能不只是通訊而已，這就是科技的進步。但是也要低技術、費用合理、操作方便且快速，如能符合上述要件，應用在房仲業再好不過了。現在時機已成熟，接下來就要看看房仲業的從業人員是否真正為民著想服務了。

### ➤ 環景是否必要

　　現況 360 環景或 720 度全景照片拍攝，取代以往方式只有照片或影音拍攝正是時候，環景圖若想看天看地的 720 度全景拍攝只要在手機前加裝專業鏡頭（如下圖）就容易拍攝出來，因此不用再添購昂貴攝影相關器材，拍攝非常簡單又容易展示，為何不使用呢？

　　這也是本著作推出要提提升房仲業服務客戶技能之一。環景拍攝雖然這已不是新奇的工具，現況房仲業拍攝物件 720 度全景圖，並不是每個物件都拍攝，造成有的物件有拍有的物件卻漏拍的窘況，而且從拍攝到上架網站，可能是 3 天以後的事，這對資訊即時性提供給消費者來說，一點幫助都沒有。

## 環景照與影音之比較分析

| | 360 度看屋 | 720 度看屋 | 影音看屋 |
|---|---|---|---|
| 所需設備 | 智慧型手機下載 360 度環景 APP | 智慧型手機＋廣角鏡頭＋環景 APP | 攝影機、腳架、電腦剪輯設備、購買版權音樂。 |
| 相容性 | PC、平板電腦、智慧型手機皆可瀏覽。 | PC、平板電腦、智慧型手機皆可瀏覽。 | wmv 格式，經壓縮為視窗 320×480，播放流暢度與頻寬有關。 |
| 拍攝過程 | 拍攝 360 度環景用智慧型手機水平旋轉一圈，配合 APP 功能可自動接圖立即完成環景圖。 | 拍攝 720 度需要垂直水平拍攝 4 張照片上傳雲端運算，立即生成 720 度全景圖。 | 取景須分別自左而右、從下而上、從右而左、從上而下兩次動作，由不同角度拍攝。取景角度需不斷變換，頗費時間。 |
| 後製作業 | 上傳圖檔，附上聯結網址即可瀏覽。 | 上傳圖檔，附上聯結網址即可瀏覽。 | 需專人剪輯母帶，並把 HDV 高畫質影片壓縮為 wmv 格式，後續再配上背景音樂，剪輯頗耗時。 |
| 展示 | 影像可放大到電腦全螢幕，看到左右 360 度影像。 | 720 度影像可以放大縮小，可以放大至電腦全螢幕，天與地皆可清楚呈現。 | 畫質解析與影像檔案大小及拍攝設定有關，想維持網路高解析影片會影響下載時間，與觀看者無法互動看屋。 |

| | 360 **度看屋** | 720 **度看屋** | **影音看屋** |
|---|---|---|---|
| 應用 | 1. 網站呈現<br>2. 可轉貼到部落格、臉書，即時瀏覽<br>3. 亦可 mail 或 line 網址給客戶，手機直接觀賞。 | 1. 網站呈現<br>2. 可轉貼到部落格、臉書，即時瀏覽<br>3. 亦可 mail 或 line 網址給客戶，手機直接觀賞。 | 影音檔較大，需網路順暢時才可流暢觀看，只能在電腦上觀看。 |

## 網站曝光能見度

等到網站建置好了以後，一定要自己可以上 Google 或 Yahoo 等幾個重要的搜尋引擎搜尋看看，排在第幾順位，又能找到幾筆。相對也決定著消費者能否順利找到你的重要因素。雖然弔詭，但有知名度，相對地會提高他人的信賴度，如果能有媒體報導或曝光，當然是大大加分！

如果做好對買方客製化又不假手人是否可在最短時間，不用 1～2 天，在接委託當天即可把此資料精準 line 給準買方了。試問：「您的買方感受會如何？」甚至在買方無法外出前來，是否能拍攝 720 度現場環境供買方參考？這是目前房仲業未普及的情況。

身為房仲經紀人您覺得呢？如果有提供環景圖給買方對您的服務及專業是否會加分？趁這個時候，房仲業未普

遍提供這樣的服務與資訊，如果你能搶得先機，可以想像
會有什麼樣的回報表現。要收穫必先搶先一步。

範例：

2014 年最佳空間展示法：挑高空間，一覽無遺！真
是美！

不用親臨現場，也能感受！

觀賞網址如下：或 QR code

http://www.ipanocloud.com/sharepano/RQWZONLW

720 度全景圖如下：

氣派大樓大廳「720 度全景攝影：施亮州（台灣・台北）」

## 精準行銷找到優質客戶

### 如何精準行銷

準備好物件相關資料，以目前來看對屋況的介紹，在網路上的呈現表現有待改進，對消費者而言，一種屋況很糟不能見人以致不拍照片，一種是怕人知道屋況後不來看屋，客戶來看屋發現很糟，通常業務都會被罵：這麼差！還要我來看！浪費我的時間。基於上述情況，為何不讓買方未看屋前能詳盡知道一切呢？這就是目前房仲業從業人員矛盾問題之所在。

雖然在網路上不一定要全部詳實公開資訊，如有特定對象就應當要詳實提供，才是房仲業最基本的服務，否則試問：

「房仲業的服務在哪？」

「不就是要詳實，且主動提供嗎？」

「目前現況又有多少從業人員做到呢？」

事實上，目前很能做到的從業人員真的是少到可憐，既然科技技術已經純熟，這倒是值得房仲經紀人深思，如

果還是先把客戶約（騙）出來再說，這樣真的能長久嗎？

## 優惠好康 APP 之應用

商家有廣告如何發送？常見就是請派報生挨家挨戶投遞DM廣告紙宣傳單到住戶信箱，效益如何？通常住戶收到DM就順手往旁邊垃圾桶一扔。廣告內容都還沒看就結束了。既然效益是如此差，為何還要發送呢？因為沒有其他方法比發送DM更有效且費用仍可負擔範圍內，其他如刊登報紙或網路曝光廣告行銷都所費不貲，因此通常不會去選用。

滑時代消費時代來臨，手機立即變「商機」，行動購物商機的來臨，應用在房仲業再好也不過了。未成交之買賣方先感受該 APP 所提供商圈之優惠活動別家仲介無法做到，而您先做到，尤其對新移民者更是一大福音。

網站、網址越來愈多，怎麼記？用筆抄會不會抄錯？商機就在麻煩裡，QR code 的誕生完美地解決了這個困擾。掃描行動條碼 QR code 有什麼用處？QR code 顛覆了傳統，成為另一個虛擬物分身的最佳代表。透過 QR code 產生器，它能將一長串的網址 http://www.ipanocloud.com/sharepano/RDGVDRNZ/，變成一張 QR code 圖碼（如

圖）。

新公園廣場「720度全景攝影：施亮州（台灣・台北）」

　　使用時，只要開啟手機 APP 掃瞄器，對準 QR code 圖碼，就能直接連結至想要觀看的網頁或圖片，十分方便。

　　代替紙張不需要再列印，網址、資料、圖片隨身帶著走。用手機掃描 QR code，食衣住行育樂樣樣一把抓。

　　當商家張貼房仲業者專屬 APP 下載 QRcode 時，對商家對您都是互利，對於下載的客戶更是大大有利。當然前提是你需要做好真正商圈經營活動，這也是房仲業談了近 30 年商圈及社區經營一直做不好的事情，辦辦活動就能維繫關係嗎？整體來看效益不大又要投入長時間才有可能建立關係，至少需 5 年 10 年以上或許才能贏得口碑，而現房仲業者建置在此獨立 APP，馬上刊登、馬上下載、馬上使用就會獲得優惠，速度真是快。

知道此商耕秘招也要趕快去執行，這是開拓客戶的新藍海。也是為何店家要有自己獨立的APP，並且真正做到區域性的服務提供。這也是仲介業者從未有過的三贏服務（商家、客戶、房仲業），與傳統優惠券的DM印製，威力效應真是強太多了。

並且與客戶最佳溝通訊息就是 APP 的推播功能，可依據自己活動需求設定推播訊息與推播日期，讓您行銷或促銷更加直接與容易到客戶手機中。

## 運用電子報精準行銷

對客戶發送資訊，想呈現你的專業，最好的方式就是發送「電子報」，依照功能不同。電子報的內容可能可以包括房地產業相關訊息，新物件的訊息。完全要依靠電腦資訊系統執行，絕非靠房仲經紀人個人可以做到這樣的服務。

除了大公司，一般單店也較不易做到，主要是電腦系統能否支援提供此功能。有的系統可以設定自動發送，這看似件好事，但這功能需要搭配一位認真勤勞的經紀人員，隨時掌控發送的訊息與時間，知道客戶收到的是哪些訊息，客戶詢問的當下，就能立刻回覆，立刻找到相對應

的產品。

因此，如果是藉助系統自動化的力量，就必須在每封信件發送之前，過濾一次，這才叫做「客製化電子報行銷」，也才能達到所謂「精準行銷」的目的。否則變成亂槍打鳥，寄出資訊都被對方視為垃圾資訊，產生反效果。

## 口袋行銷

所謂的「口袋行銷」就是物件還沒 PO 上公司外網就先開始對自己私下（公司內部或自己私人擁有）的客戶名單促銷也是「潛銷」的一種。

現在有很多經紀人員都會在物件未上架就把售屋資訊先 Line 給客戶，讓客戶覺得是新鮮貨，問題來了，若沒有專業網頁給客戶看，還是會顯得不專業，這是目前房仲業做不到的地方，因為這是需要資訊系統展示平台，才能提供。已有資訊業者針對此困境，開發出這樣的應用平台，像有些屋主說：我的物件不要上網，我還是委託給您賣，通常經紀人員反而無法配合，不上網怎麼銷售啊？但是上網又會造成屋主的困擾，怎麼辦呢？此行銷系統平台剛好可以解決這樣的問題也就是所謂口袋式行銷（潛銷的一種），系統也因此因應而生又專業。

## 使用 APP 做行銷

　　房仲業加盟總部已有APP，這是官網衍生在手機上容易讀取物件的主要功能與用途，倘若該加盟總部的物件不夠多，此 APP 會讓消費者下載使用的機會就不大，關鍵在於只有買賣屋的消費者及房仲經紀人才會有使用需求，其他就沒了，缺點是該 APP 少了與消費者生活面需求的互動。一般坊間，遊戲或娛樂性質的APP最受大眾歡迎，因為這是人性的需求。

　　也有人認為房仲業 APP 增加使用率乾脆也加給遊戲功能算了，說實在的就算有遊戲功能也不會增加使用率，因為這已背離該房仲專業的展示，同時礙於手機畫面太小，五吋左右也很難看清楚，這也是目前手機使用的問題之一，身為房仲經紀人或單店仲介業者為何還要新建置自己的 APP，主要用途就是真正能與鄰里商家做最好的互動，就是為對方增加客群提升消費力，創造雙贏的未來。

## 加盟總部 APP 與單店的 APP 比較

| 項目 | 加盟總部 APP | 單店 APP |
|---|---|---|
| 物件轉 APP | 有 | 可 |
| 協助單一商家促銷 | 不易 | 馬上建置 |
| 為單一商家推廣 | 不易 | 馬上推播 |
| 建置食衣住行育樂資訊 | 不易 | 馬上建置 |
| 地理範圍 | 全國性 | 區域性效果佳 |

擁有客製 APP 模組做法如下圖：

### 一、推廣 APP 電郵寄成交買賣方老客戶

對成交老客戶而言提供下載該房仲業提供 APP 有何好處？就已蒐集商圈內約 100 家以上食衣住行育樂商家之優惠方案，不只幫商家創造營收也讓消費者的荷包省省省。

### 二、房仲業者增加客源

房仲業已幫商家創造營收，而商家想要招攬更多消費者，以優惠方式是最容易吸引客戶上門，前提是要求消費者下載該 QR code 的 APP 即可獲得優惠，對房仲業而言，便會獲得新增下載客戶資訊。同時房仲業因擁有該 App 平台，便可協助銷售商家產品，客戶基於信賴又更容易下單房仲業者所推薦優質商品；行銷之前可用手機推播功能先

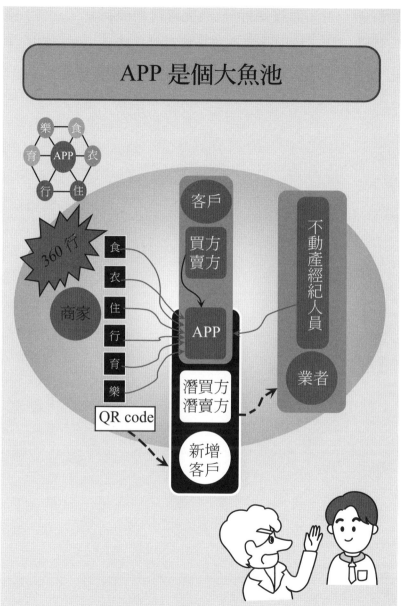

行促銷一番，而該 App 已有完善購物機制金流，該手機可快速結帳，協助商家直接，接單銷售產品，由商家直接出貨宅配到家服務，帶來另一雙贏服務商機。

# 讓客戶主動找上你

這件事取決於你佈下天羅地網有多寬，還記得前述的捕龍蝦故事，該要做個聰明的漁夫，而這聰明的漁夫也有分等級，你能撒多大的網。

## 傳統八大方式找買方如下：
## 以刊登物件為吸引買方上門

1. 工讀生派發：聯賣區派報、彩色派報、單色派報、夾報

2. 房仲經紀人親自派發：小蜜蜂派報、面紙、落地大型三角板／守現場（OPEN HOUSE）、個人派報

3. 看板張貼：帆布廣告、售屋看板、賀成交看板

4. 店頭張貼：櫥窗展示圖、壁招

5. 報紙廣告：蘋果日報／自由時報／工商時報／經濟日報

6. 電視廣告：CF 廣告

7. 網路廣告：公司網站、入口網站廣告
8. 口碑廣告：郵寄社區住戶、成交老客戶回饋

　　客戶為何會找上您？並不是您特別有名，而是你有委託物件在販售，並且客戶是為了找房子而連絡到您。由此可知提升網路上個人曝光率就是增加委託物件的刊登，因為你的物件刊登的多客戶找上的機率也就大。想想看刊登一件跟刊登十件誰的機率大？其二、價格高低也是影響曝光率，同類型物件，價格低的容易被瀏覽及點閱，相對留言率或回電話率也大增。如果是物件是天價就算登個 100 件有曝光也不見的有對留言或回電率，其實不只曝光率提升，要讓客戶留言或回電話才是重點。

　　物件曝光的通路有哪些？官網（有降價專區-消費者點閱機率大，有的降價一萬也算，這是小技巧）、免費網站、付費網站、部落格、臉書、推特、噗浪、、等，一件物件至少 7 個通路以上，10 個物件是不是就 70 個曝光點，所以客戶要找上您就容易多了。因此有做到就有 70 個曝光點，而且是「日積月累」，隨著時間累積，藉由物件多經由台灣二大入口 Yahoo 或 Google 搜尋引擎就容易找到您，這就是提升網路上個人曝光率的網路效應。（如下圖）

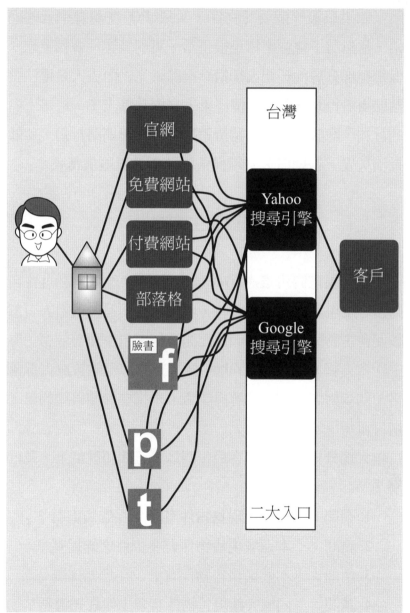

如果只簽一個委託物件，又只 PO 在瀏覽率低的網站，當然房子會賣不掉是很正常，更別談客戶會找上您。但是有部分房仲經紀人卻捨棄網路曝光，而去大量違法張貼懸掛看板DM製造環境汙染，來提升曝光率，這是不對的行為，應該從傳統馬路行銷提升為真正網路行銷，才能長治久安。否則冒著被環保大隊罰鍰的風險值得嗎？

## 開發屋主方式

開發屋主時可透過 WeChart 及 Line 輸入電話就會自動搜尋出現對方的大頭照時，可先訊息傳遞，若對方有意願便會主動回覆訊息，因此比開發信來的快速有效率，屋主也會上網 Google 或 Yahoo 搜尋查詢您已建置個人部落格，初步對您已有所了解與認識，未來要締結簽約的日子指日可待。

大部分經紀人員被客戶一問以下五問題就倒了，為什麼？

1. 請問：「市場上現售物件有多少件您知道嗎？」
2. 請問：「本區域現售物件有多少件您知道嗎？」
3. 請問：「本社區現售物件有多少件您知道嗎？」
4. 請問：「同棟大樓現售物件有多少件您知道嗎？」

5. 請問：「同類型現售物件有多少件您知道嗎？」

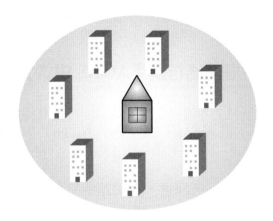

　　回答不出來且不清不楚，欲言又止，難怪業績會不好，根據 80/20 法則，可看出百分之 80 的房仲經紀人開發能力及追蹤線不佳，有的人會說：「又不一定要全都知道，業績就破百萬了，所以不一定需要全部都知道。」

　　但是這樣的想法不盡然正確，試想如果當你對客戶說明與市場分析時，能倒背如流述說市場現售物件情況，請問客戶的感受是如何？專不專業？答案：「肯定是專業的」，如果不開發募集追蹤，業績可能就會一搭沒一搭（表示不穩定）。

　　有句話：「三日不開發者，面目可憎」。沒有委託物件能力，何來議價能力？何來業績月月破百萬？顯見開發委託的重要性。想要增進對市場行情的熟識度，開發委託

是最重要的一環。網路上所有自售或自租及同業的售屋案源一定要全部蒐集與建檔。

## 做好網路行銷「AISAS 模式」

　　想要做好網路行銷，就要了解目前消費者行為是「AISAS 模式」

第一 A 字：Attention 注意，在網路所呈現的文字、照片、影片，是否會引起瀏覽者的點閱，也就是引起注意。列如：大降價、照片鮮明、影片有可看性……等。

第二 I 字：Interest 興趣，有了注意力接著才會有可能引起消費者感興趣，例如：是否符合需求，物件用途、價格、地點、屋況、周遭生活環境、交通便利、未來增值潛力…等。

第三 S 字：Search 搜尋，光是吸引注意接著感興趣，還不足以讓消費者買單，該消費者一定到其他網站搜尋比較一番，是否真正符合所需。如果依搜尋結果別人有更好物件，消費者還是會轉台的。

第四 A 字：Action 行動，如果以上三過程都符合消費者
　　　　所需，緊接著才會採取行動留言或者打電話
　　　　到店裡或親自到店頭詢問。或者到其他業者
　　　　親自詢價與比價。

第五 S 字：Share 分享，最後該消費者不見得會直接就決
　　　　定購買，會把此資訊與其他人討論再做決定，
　　　　也就是所謂的分享行為。

　　由此可見網路行銷造就資訊的快速傳遞，業者想要快
速結案，就得在上述五種消費行為過程好好準備一番，才
能讓消費者到第五過程後就結案成交了。例如：該物件價
格高於市場行情，可能連第一種引起注意的效應是反效
果，促使客戶趕快離開。若是物件價格低於市場行情也是
要鋪陳，文案撰寫可能要描述：「跳樓大拍賣、急售、超
便宜等，才會引起注意。若不加強描述，效應就會遞減。

## 雲端科技攏絡客戶心

### 建立 Line 社群群組

　　即時通訊軟體，用戶已遍布全球 230 個國家用戶已突破 2.3 億人，在台灣也有高達 1700 萬名用戶。而 iPhone 手機自 2007 年問世以來，無所不在的雲端服務（Cloud Service），成為雲端運算潮流。

　　Line 的使用在台灣日常普及，它貼心巧思設計，讓使用者以倍速快速成長。

　　它有幾種優勢──可與單人通訊、可設定群組通訊；即時、互動性高；開發客戶十分好用，只要輸入電話號碼，就能自動連結到對方，甚至還能看見大頭照。

　　不過，便利的同時，要防範個資洩漏的問題。也許你還沒發覺，房仲科技戰已開打，從業人員身在其中，怎能不多了解、多充實自己呢？

# 臉書 Facebook 之應用

常常會開玩笑說：「今天 FB 了沒？」為什麼 FB 那樣讓人瘋狂？因為它集照片、文字、部落格、影音、社群等功能於一身，相較之下，只有單純貼照片的無名小站曾經瘋行、Yahoo 部落格等已會被 FB 取代掉，是理所當然的事情，因為這是使用者現實的行為，誰的人氣大、效益就大，使用者自然而然選邊站。

早期 Yahoo 部落格、無名小站的興起，是行銷人必備的社群經營重點，但是隨著臉書成全世界最大的社群網站開始，這些部落格的社群功能逐漸下滑，近年來人潮流失已被臉書取而代之，所以在 2013 年 12 月 26 日 Yahoo 宣布終止部落格服務。現階段臉書還在累積資料庫及記載了個人喜好，未來如果臉書有搜尋功能的話，必定會更為強大，成為行銷人最重要的利器。

房仲經紀人該如何善用臉書呢？目前臉書的功用傾向在同業物件的交流及私人的聯誼，如果現在要能對物件行銷，可能在未來或許有可能做到精準行銷，也就是能把物件精準投放到有需要買屋的消費者，不過屆時臉書可能需要向你收費的。

　　臉書最大的好處是同業交流，若是未曾謀面的話，在合作上還是有一定的風險及互信基礎尚未建立。平時的按「讚」的行為及留言都是在增加彼此的互動。網站經營必須天天有 PO 文或照片及獲得留言或被人按讚，點閱率才會提升曝光度，也就是您自己的能見度，

## 讓 Youtube 成為你的行銷後盾

　　影音平台的曝光也不容忽視，因為它也有被搜尋的功能會出現在搜尋引擎裡。而 Youtube 的影響力也逐漸擴大中，邁向全球第二大搜尋網站已被 Google 公司併購，在台灣是第一大影音平台，成為家家戶戶手機電視的第五台，可見其行銷通路之廣，不得忽視。因此行銷應用，是要製作吸引消費者想觀看的影片才行。這倒是需要一些技術才行。

　　最簡易的製作方式就是把物件照片串成影片方式，但不宜過長約 1～1.5 分鐘即可效果最好。或者有被媒體報導影片上傳 http://www.youtube.com/watch? v=E7u6kEWL 9KM

（如圖所示），被點閱的次數就會隨時間累績而扶搖直上，而且可以在分享到臉書、推特、Google+等 10 種社群網站，這樣一來行銷

知名度肯定大增，這就是網路行銷又不花錢之魅力所在，
還有統計分析數字圖，來調整行銷策略。

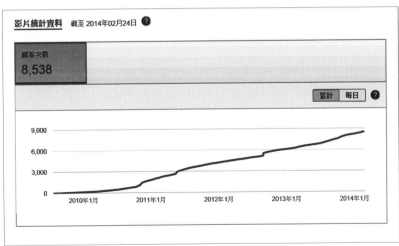

## 傳統經紀人 VS 行動經紀人比較表

| 項目 | 傳統經紀人 | 行動經紀人 |
|---|---|---|
| 物件展售 | DM 呈現 | 平板電腦呈現 |
| 傳遞 | mail 網頁單調照片及文字 | 即時傳遞 720 度全景互動看屋網址分享好物件給客戶。 |
| 提供服務 | DM、門市看屋 | 查行情、物件照片及 720 度全景互動看屋、生活圈商圈資訊、拖曳式地圖搜尋物件、貸款試算及其他服務。 |
| 看屋 | 無法即時提供 | 事先提供 720 度全景互動看屋。 |
| 客戶配對 | 無法即時提供 | 即時查詢客需並進行配對及展示，運用地圖定位，立刻查詢附近的成交資訊行情。 |

# 第五章

# 新時代房仲
# 需要知道的事

## 新手應該如何開始

　　建議剛進房仲業的經紀人員，可以先選擇大品牌公司進去磨練；事實上更建議社會新鮮人一定要嘗試一次業務的工作，因為透過業務工作，你會更了解如何與人的互動、如何應對進退，因為做業務就是在做人，了解如何與人溝通，就算以後不再進行業務工作，也是非常有幫助的一件事情。

　　為什麼會建議新手房仲經紀人要選擇大的公司磨練呢？因為它可以訓練你三項最重要的能力：業務力、服務力與專業力。業務力，是指如何尋找買賣方客戶、如何帶看、介紹房屋並成交的能力。服務力，包括你如何接待客戶、如何養成正確的禮儀、如何讓客戶感覺到窩心、放心把案子委託給你。至於專業力，就是指你對於房地產的專業知識，讓買賣方可以信賴，把房子交給你是沒問題的。大的公司會有完整的教育訓練系統，更有豐沛的資源，可以幫助你在短時間內，養成房仲經紀人的基本能力，縮短摸索的時間。

　　很多新進的經紀人員會擔心買方在哪裡？賣方在哪裡？自己怎麼有辦法跟資深的經紀人員競爭呢？但是，你

真的不需要擔心，之前有提過只要懂得掌握「數位落差」，在短短的數個月當中，你就有辦法迎頭趕上，重點是你願不願意付出。想要讓客戶找到自己，方法有很多，其中一個是之前提過的，懂得建立自己的數位品牌，除此之外，我們也可以透過物件來吸引買方上門。

「甚麼樣的物件就會吸引甚麼買方上門。低總價物件就會有低總價買方，高總價物件就會有高總價買方。」身為房仲經紀人，到底要經營甚麼樣的客戶，其實都是您自己在決定的，不是嗎？

但是要提醒新手經紀人員，千萬不要想一下子就要挑大客戶，想要賣高總價的房子，而是要循序漸進，這樣會比較容易。因為高總價房屋，不只是價格高、同時專業度的需求也高，因此想要經營高總價產品，平時就要涉獵這些相關資訊，並與這些有錢人交流才有機會成交。

很多經紀人員都想要業績維持每月皆破百萬，但是卻常常做不到，為什麼？最重要的關鍵除了能不能找到買方之外，更重要的是你的貨源是否充足！如果你的委託物件不夠多，那麼客戶要什麼、沒什麼，就算找到買方，有用嗎？所以建議每一位房仲經紀人員手上至少要 20～30 件委託物件；如果想要單月破千萬，至少庫存就要提升到 30～50 件，這樣一來機會點才會比較大，如果庫存量維

持在 10 件以下，業績就會起起伏伏，有一搭沒一搭，業績也就不穩定，會產生單月掛蛋也是相當正常，不讓人感到意外，這叫做「一天捕魚三天曬網」。你想要成為什麼樣的經紀人員，都是你自己在決定！

「開發」為何如此重要？在業界這麼多年，維持在高業績的經紀人員，絕大部分都是開發高手，因為他們熟悉市場，可以優先獲得銷售機會，當然績效也就跟著來，這些真功夫也都是長年累月出來的專業。一般來說，加盟店當中有 80%房仲經紀人屬於業績起起伏伏、不穩定的狀態，真正賺到錢的是屬於20%自律且認真的高專。（業績來源圖）有業績並不代表有業務能力，而是機率與運氣的到來，而高總價的成交肯定是要業務的洽談能力及相關的專業知識才行，所以真正維持業績穩定就是自己增加行動力去促成機率與運氣的出現，時時刻刻與客戶交流必能增進業務能力，而空檔時間就要進修加強專業知識的訓練了。

有句廣告詞：「成交速度就是快」！我們可以想想看，成交速度如此快憑藉的是甚麼？就是你擁有更多的委託物件！發現初入行或長期績效不振的經紀人員，最主要的問題都是出在委託物件庫存不足，再來就是平時拜訪追蹤線不足，沒有去做好尋找客戶的基本功（就是懶惰）。

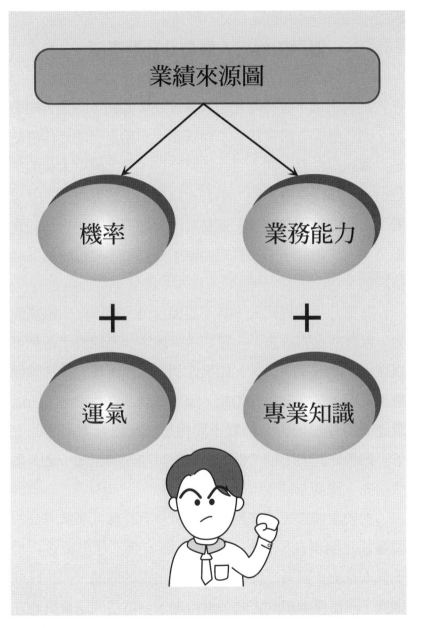

# 優秀的經紀人要做些什麼事情

之前提過，優秀的經紀人員一定要做到「應盡告知義務」與「應盡查證責任」；而經紀人員給自己的定位應該是「資訊提供者」與「平台通路商」。既然經紀人員的角色是「資訊提供者」與「平台通路商」，那麼我們就要思考：「我們是不是誠信、主動且即時地提供客戶需要的資訊？」、「對於屋主、買方而言，我們是不是已建立溝通協調的平台」

有部分房仲經紀人，為了要顯示自己有很好的業務能力，就會胡亂答應客戶。譬如說：凶宅能不能賣？當然可以賣！卻隱匿不說清楚。如果你胡亂答應客戶，拍胸脯保證沒問題，事實上卻非如此，這樣好嗎？當然不好！所以會建議房仲經紀人，絕對不要接超出自己能力範圍的案子！如果你能力不足，就表示你對該物件的認知不足，那麼就先少碰觸為妙！

對於房仲經紀人來說，不管有沒有經驗，多數成交的問題都是出現在「價格」上談不攏，而不是出現在「房子」本身上！因為「物」已發生或出現的問題，都是既成事實，無法用欺騙的方式蒙混帶過，而這些問題會反應在

房價上，所以懂得如何處理「真房價」，才是專業的經紀人員。否則賣高或賣便宜、買貴或買便宜都會造成雙方的問題！

為了要規範不動產經紀人員的市場，從 102 年 8 月 1 日起，政府規定凡是想要取得「不動產經紀營業員」證照的人，需要測驗通過才能取得資格，透過這樣的政府規範，可以逐漸讓房仲經紀人的市場更加專業化、更有規範性，而且可以讓客戶更信賴，不是要耍嘴皮子就要客戶買單。

## 碰到同業踩線該怎麼辦

有些人好不容易簽了一件專任約，隔天上傳公司網站曝光行銷，馬上被屋主打電話來罵說：「您們仲介怎麼把我的個人資料洩漏給其他同業」，此時的你會如何回應？「沒有啊！%$#&^$&^，不可能吧！」可是，你此時心中在想：「會不會總公司網站把資料外洩？要不然同業怎麼這麼快就知道？難道有內賊？」

其實不一定是什麼個人資料外洩？而問題是出現在公司網上（總部網站）有照片、有樓層、有坪數大小、有門牌段落（雖沒有正確門牌地址）可是有地圖坐落標示，以

房仲業開發（踩線）的功力，是很容易比對出來的。

因此，已接委託者若沒有妥適立即回應，相信屋主對該業務或此品牌公司的信任度肯定大減，同業要破壞已簽委託加上屋主耳根子軟（主見力弱）就更容易，不小心就會被解約掉；因此簽了委託必刊登到公司網站（俗稱：外網），否則就無法行銷，可是刊登上官網又容易被同業破壞，真不知如何是好？此問題至今仍無解，除了大直營體系可以先內部行銷，區跟區之間交流外，一般加盟體系就不容易做到，有礙於資料提供太詳盡又怕被對方私下開發，以致交流一直處於資料傳遞不清，如 PPT 或 word 檔或書面資料，零散的 mail 來 mail 去，以致效果不彰。

在房仲經紀人的網路行銷是一定要經過官網，但一上外網，除了專任委託外，一般委託肯定見光死。主因這些網站就是所謂：「總公司的公有雲，而非經紀人員的私有雲。」如果該房仲經紀人擁有封閉性的團隊與自己行銷的私有雲，而且能掌控那些案源可開放公開或只限定某些經紀人可閱覽，而達到彼此真正信賴的交流，這樣就有機會去除刊登物件就會被踩線的窘境。

部分經紀人員不願輸入客戶資料於公司系統的原因，是怕名單被主管拿走？但在直營店的經營上，是沒有這方面的問題。此外你要想想看，剛進公司的你是完全沒業務

經驗，公司花了時間培育你，所知所學完全是公司的教
導，因此你所擁有客戶名單當然也歸屬公司所有，而不是
私人所有。但是你真的不需要擔心名單的問題，只要你做
好服務與工作，就算你今天離開這家公司，你的客戶一樣
會支持你，甚至跟你走！

# 房仲經紀人應知的法規規範

　　其實在消費者的糾紛當中，房屋買賣問題一直是名列前茅，多數的原因都是規範不清，還有經紀人員沒有好好自律。有些房仲經紀人為了搶快，會遊走在法律規定的邊緣，譬如說屋主都沒有簽名在不動產說明書上就跟買方做說明，基本上已經違法，在不動產經紀業管理條例，要跟交易相對人解說，不動產說明書要經過委託人簽名。如果屋主沒有簽名，卻把不動產說明書影印給買方，到時候買方拒買，會以此理由來跟業者退定，屆時公司要不要賠錢？因為屋主未簽名即解說予買方已有違法之虞，房仲經紀人都是合格的經紀人員，現在買方若拒買都會先用沒有給「契約審閱權」，來做抗辯居多。

　　不動產消費糾紛類型，以定型化契約條款違反誠信公平原則及廣告不實二者最為常見，所以身為買賣方應注意契約及廣告內容，以確保自己權益，而房仲業者更應本有誠信，確保契約公平性與廣告真實以落實交易之安全。在房屋仲介業相關法令對其業者及經紀人員也有所規範，有不動產經紀業管理條例、不動產仲介經紀業倫理規範及消費者保護法、公平交易法，相關規定彙整如下：

# 一、不動產經紀業管理條例

## （一）不得賺取差價規定

經營經紀業或經紀人員不得收取差價或其他報酬，其經營仲介業務者，並應依實際成交價金或租金按中央主管機關規定之報酬標準計收。違反前項規定者，其已收取之差價或其他報酬，應於加計利息後加倍返還支付人。

## （二）服務報酬收取方式

經營仲介業務者應揭示報酬標準及收取方式於營業處所明顯之處。

## （三）告知義務

經紀人員在執行業務過程中，應以不動產說明書向與委託人交易之相對人解說。前項說明書於提供解說前，應經委託人簽章。經營仲介業務者，對於買賣或租賃委託案件，應於簽訂買賣契約書並辦竣所有權移轉登記或簽訂租賃契約書後三十日內，向主管機關申報登錄成交案件實際資訊。

經營仲介業務者經買賣或租賃雙方當事人之書面同意，得同時接受雙方之委託，並依下列規定辦理：1.公平提供雙方當事人類似不動產之交易價格。2.公平提供雙方當事人有關契約內容規範之說明。3.提供買受人或承租人關於不動產必要之資訊。4.告知買受人或承租人依仲介專業應查知之不動產之瑕疵。5.協助買受人或承租人對不動產進行必要之檢查。6.其他經中央主管機關為保護買賣或租賃當事人所為之規定。

## 二、不動產仲介經紀業倫理規範及相關規定

經紀業應堅持公平交易及誠實信用；經紀業應依法令規定對消費者揭露不動產說明書應記載之內容，不得有蓄意矇蔽欺罔之行為。經紀人員應謹言慎行，兼顧消費者合法權益及社會共同利益；經紀人員執行業務時，應維護消費者及經紀業之權益，不得營私舞弊。因此依不動產經紀業管理條例規定訂定本倫理規範，如下表：

## 不動產仲介經紀業倫理規範表

| 項目 | 內　　容 |
|---|---|
| 目的 | 不動產經紀業（以下簡稱經紀業）為建立不動產交易秩序，保障消費者權益，促進不動產交易市場健全發展，特依不動產經紀業管理條例第 7 條第 6 項規定訂定本倫理規範（以下簡稱本規範）。<br>1. 經紀業應堅持公平交易及誠實信用。<br>2. 經紀業於執行業務時，應恪遵法令及本規範。 |
| 業者應遵守 | 1. 經紀業應全力協助政府健全不動產交易制度。<br>2. 經紀業應秉持誠信精神並注重服務品質。<br>3. 經紀業應尊重同業之智慧財產與營業秘密，維護交易市場紀律，共同塑造良好經營環境。<br>4. 經紀業取得主管機關許可使用電腦處理個人資料執照者，始得依法電腦處理、蒐集、利用消費者資料。<br>5. 經紀業經消費者通知停止使用其個人資料者，經紀業應即停止使用。<br>6. 經紀業之間應相互尊重，維護同業之正當權益，不得違反法令惡性競爭，或使委託人終止對其他經紀業之委託。<br>7. 經紀業應依法令規定對消費者揭露不動產說明書應記載之內容，不得有蓄意矇蔽欺罔之行為。<br>8. 經紀業不得與經紀人員通謀，使其未親自執行業務而假藉其名義對外執行業務。<br>9. 經紀業應負責督導經紀人員不得有違法或不當之行為。 |
| 不動產經紀人員應遵守 | 1. 經紀人員應掌握市場資訊，參與專業訓練，增進專業能力。<br>2. 經紀人員應謹言慎行，兼顧消費者合法權益及社會共同利益。<br>3. 經紀人員執行業務時，應維護消費者及經紀業之權益，不得營私舞弊。 |

| 項目 | 內　　容 |
|---|---|
| 不動產<br>經紀人員<br>應遵守 | 4. 經紀人員不得不當利用土地登記及地價電子資料謄本之住址資料，侵擾所有權人。<br>5. 不動產之買賣、互易、租賃或代理銷售，如委由經紀業仲介業務者，於簽訂各項不動產交易契約，經紀人不得於空白契約上簽章。<br>6. 經紀業執行業務過程中，不動產說明書應落實由不動產經紀人員向不動產交易相對人解說，其解說人應於不動產說明書簽章。<br>7. 不動產仲介業者及不動產經紀人員，開發案源或居間或代理時，不得以不當或有不法行為騷擾當事人。<br>8. 不動產仲介業及不動產經紀人員不得在夜間九點以後開發案源。但經當事人同意或業務尚在執行中，不在此限。<br>9. 不動產經紀人員不得利用仲介買賣契約機會賺取差價。<br>10. 不動產經紀人員不得以自己或第三人名義冒充買受人或出賣人誘使出賣人、買受人以低價或高價簽訂買賣契約。<br>11. 經紀業及所屬經紀人員於執行業務時，應詳細審查不動產買賣委託人之身分，並影印保存該身分證明文件及交易憑證，如發現疑似洗錢之交易行為時，應向經紀業所在地同業公會通報。<br>12. 經紀業違反本規範者，由所在地同業公會審議處理後，如涉及處罰事項者，該公會應列舉事實，提出證據，報請經紀業所在地直轄市或縣（市）主管機關處理。<br>13. 本規範經中華民國不動產仲介經紀商業同業公會全國聯合會會員代表大會通過後報請中央主管機關備查實施，修正時亦同。 |

## 不實廣告處理之相關規定彙整表

| 法規 | 內　　　容 |
|---|---|
| 消費者保護法 | 1. 經調查認為確有損害消費者財產權益或確有損害之虞者，應命其限期改善、回收或銷燬，必要時並得命企業經營者立即停止該廣告之提供，或採取其他必要措施。<br>2. 企業經營者違反主管機關所為之命令者，主管機關得處新臺幣六萬元以上一百五十萬元以下罰鍰，並得連續處罰；且其他法律有較重處罰之規定時，應從其規定。 |
| 公平交易法 | 1. 限期命其停止、改正其行為或採取必要更正措施，並得處新臺幣五萬元以上二千五百萬元以下罰鍰。<br>2. 逾期仍不停止、改正其行為或未採取必要更正措施者，得繼續限期命其停止、改正其行為或採取必要更正措施，並按次連續處新臺幣十萬元以上五千萬元以下罰鍰，至停止、改正其行為或採取必要更正措施為止。 |
| 不動產經紀業管理條例 | 1. 經紀業與委託人簽訂委託契約書後，方得刊登廣告及銷售。廣告及銷售內容，應與事實相符，並註明經紀業名稱。<br>2. 廣告稿在刊登之前，應經不動產經紀人簽章。<br>3. 廣告虛偽不實之行政罰<br>　⑴經紀業新臺幣 6～30 萬元罰鍰<br>　⑵經紀人員得處申誡處分 |

消費爭議申訴與調解之處理程序：

　　消費者與業者如有交易糾紛可以透過消費爭議申訴、調解、調解三階段來解決紛爭，不一定都要爭訟才能處

理，步驟過程如下表：

### 消費爭議申訴與調解之處理程序表

| 爭議處理 | 程序 |
| --- | --- |
| 1. 消費爭議申訴 | 第一次申訴：消費者得向企業經營者、消費者保護團體或消費者服務中心或其分中心申訴。第二次申訴：消費者依第一項申訴未獲妥適處理時，得向消費者保護官申訴。 |
| 2. 消費爭議調解 | 消費者申訴，未獲妥適處理時，得向直轄市或縣（市）消費爭議調解委員會申請調解。 |
| 3. 消費訴訟 | 消費訴訟，得由消費關係發生地之法院管轄。 |

## 從業人員常見未遵守法令有哪些及如何改善

　　2013 年房地產消費糾紛原因統計發現房屋漏水問題、隱瞞重要資訊、定金返還（含斡旋金轉成定金）、仲介「斡旋金」返還、服務報酬爭議為前五大居多。現況解決方式以消費爭議時第一次申訴：消費者得向企業經營者、消費者保護團體或消費者服務中心或其分中心申訴。再則第二次申訴：消費者依第一次申訴未獲妥適處理時，得向消費者保護官申訴。申訴未得到合理回應可轉為消費爭議調解，因此消費者申訴，若未獲妥適處理時，得向直轄市或縣（市）消費爭議調解委員會申請調解；通常在此階段都要能獲得解決。

## 經紀人員未遵守法規問題及罰則

| No | 問題 | 規定 | 罰則 |
|---|---|---|---|
| 1 | 未提供成交行情 | 不動產經紀業管理條例第 24 條之 2 的規定應提供成交行情供客戶參閱。 | 違反將受 3 萬至 15 萬元之罰鍰 |
| 2 | 未告知清楚權利 | 應告知客戶有選擇要約書出價之權利，如未告知即向客戶收取斡旋金 | 會被公平交易委員會認定違反公平交易法而予以處罰。 |
| 3 | 未製作及提供不動產說明書、成交行情供參閱及未告知社區氯離子含量過高、陽台外推、頂樓加蓋使用權及公設遭私人使用等瑕疵訊息。 | 不動產經紀業管理條例 23 條須製作及提供不動產說明書供客戶參閱並解說其內容。 | 申誡處分 |
| 4 | 賺取差價 | 不可賺起取價否則依不動產經紀業管理條例第 19 條第 2 項之規定被認定是差價之部分須加倍退還。 | 依不動產經紀業管理條例第 29 條第 1 項之規定可罰 6 萬到 30 萬元整之罰鍰，不可不慎重。 |

## 根據法令規範與現況問題差異整理表（1/2）

| 項目 | 法令 | 現況 | 差異 |
|------|------|------|------|
| 1. 未主動提供價格資訊問題 | 1. 內政部92年公告之「不動產委託銷售定型化契約應記載及不得記載事項」規範業者於簽約前，應據實提供近三個月之成交行情，供委託人訂定售價之參考。<br>2. 不動產經紀業管理條例第24條之2規定，經營仲介業務者應公平提供雙方當事人類似不動產之交 | 1. 委託簽約前不一定提供近三個月之成交行情。<br>2. 委託標的物件不一定有鄰近成交行情資訊可供參考。<br>3. 有提供行情卻被客戶說沒提供之問題。 | 1. 從業人員是否都主動提供近三個月之成交行情。<br>2. 能否詳實提供成交行情之問題。<br>3. 行情提供雖有列印書面並未請賣方簽名，因而延生糾紛，如簽了委託想毀約卻申訴說：房屋仲介業未提供成交行情。 |
| 2. 解說能力不足問題 | 第23條規定，經紀人員在執行業務過程中，應以不動產說明書向與委託人交易之相對人解說。 | 解說能力無一定標準。 | 解說能力是否足夠？是經紀人員本身本職學能及專業度的問題，目前無衡量標準。 |

| 項目 | 法令 | 現況 | 差異 |
|---|---|---|---|
| 說明 | 1. 內政部訂頒之「不動產成交案件實際資訊申報登錄及查詢收費辦法」第12條至第14條等均明定應篩選去除顯著異於市場正常交易價格之不動產成交案件實際資訊後始得提供查詢，以避免投機者藉由成交案件資訊之揭露，不當哄抬價格，健全不動產交易市場。<br>2. 不動產經紀業管理條例第24之2條規定，經營仲介業務者經買賣或租賃雙方當事人之書面同意，得同時接受雙方之委託，並依規定辦理。 | 1. 對售屋者部分經紀人員未提供近三個月之成交行情，除自家公司有成交案件外，根本無法據實提供，而個資法反而成為推拖之詞。<br>2. 因此買賣方如何能參考相信呢？所謂失之毫里差之千里，因此買賣交易價格認知差距糾紛因此而產生。<br>3. 取得來源就已經區段化及去識別化，相對的經紀人員如何能說清楚講明白呢？難怪買賣方對房仲人員的解說及提供的行情價格資訊抱持質疑的態度。 | 1. 目前法令以個人資料保護法為理由為保護當事人，故成交資訊必須區段化及去識別化，這樣一來對實價登錄是為了真正交易資訊透明化，打了大大的折扣。<br>2. 主管機關可以剔除過高或過低交易價格記錄，卻又要房仲業者如有隱匿不實，應負賠償責任；因此政府提供來源就不詳實也讓業者容易遭買賣方控訴，因此解決「應據實」一事就必須把這些不合理的法令修正。才能達到真正資訊透明化，房屋仲介業才不會對買賣價格資訊的使用背上黑鍋。追根究柢是法令訂定與現況執行面有落差。 |

## 根據法令規範與現況問題差異整理表（續 2/2）

| 項目 | 法令 | 現況 | 差異 |
|---|---|---|---|
| 3. 未即時提供問題 | 實價登錄：辦理申報登錄期間為 30 日，直轄市、縣（市）主管機關受理申報登錄後，須俟申報登錄期滿後就申報資料內容進行查核篩選後始得對外揭露，故申報案件對外揭露時間會有法定登錄期間及作業 | 房屋仲介業者可即時提供成交價格資訊。 | 主管機關卻落後 2 個月之久，未能即時，即已喪失提供參考之美意。 |
| 說明 | 1. 內政部訂頒之「不動產成交案件實際資訊申報登錄及查詢收費辦法」第 12 條至第 14 條等均明定應篩選去除顯著異於市場正常交易價格之不動產成交案件實際資訊後始得提供查詢，以避免投機者藉由成交案件資訊之揭露，不當哄抬價格，健全不動產交易市場。 | 對業者而言當此成交案例點交結案後，此筆買賣價格交易記錄隔天即會出現在該網站。 | 實價登錄資訊越具即時性，對於市場交易更為有利。是否屬於異常價格，應由市場判斷，而非主管機關判斷，故主管機關應如實公布，留待市場交易雙方自行判斷是否屬於異常交易。 |

| 項目 | 法令 | 現況 | 差異 |
|---|---|---|---|
| 說明 | 2. 為符合個人資料保護法之規定，前揭辦法第 12 條明定不動產成交案件實際資訊應以區段化、去識別化方式提供查詢，以保障當事人隱私。 | | |
| 4. 未公平提供問題 | 不動產經紀業管理條例第 24 條之 2 規定，經營仲介業務者應公平提供雙方當事人類似不動產之交易價格，同條例第 29 條並訂有相關配套罰則。 | 提供雙方當事人不一定同一份類似不動產之交易價格資訊。 | 部分人員會選擇性提供。 |
| 說明 | 法令應是公平提供。 | 部分人員會選擇性提供。 | 部分人員會選擇性提供。 |

　　在台灣地區買賣交易價格資訊的不透明化，長期以來是不爭的事實，加上近年來房價高漲榮登十大民怨之首，所以內政部為了促進不動產交易資訊透明化，降低目前不動產資訊不對稱情形，避免不當哄抬房價，並且在保障民眾隱私權前提下，積極推動實價申報登錄之立法。因此房

屋仲介業執行業務的行為一定會產生變化，在立法與修法實施前後經紀人員業務行為會有所不同，所以經紀人員對於「資訊的傳遞是如何作業」、「對買賣方成交行情提供又是如何」以及「對買方成交行情提供是否與賣方會有所不同」等問題，都需要更深入地去了解。

　　經紀人員對房價資訊的提供是否會因對象不同而有所不同？為何會如此？這樣不同資訊的提供是否有違法令規定？若有違反規定業者應如何即刻改善？以免影響消費者權益？接續應如何作才獲得買賣方的信任？而房屋仲介業長期以來提供資訊是常態，惟內容是否如實為消費者著想是否有可議之處且值得探討。經紀人員的未具實告知或有所隱瞞及未盡查證責任，所產生買賣方資訊獲得的不對稱，導致對買、賣方在決定價格時的錯誤判斷而衍生問題糾紛，因此針對房屋仲介業對買賣價格資訊之使用有待探討之必要。

　　不動產交易價格資訊來源不足及未全面資訊電腦化導致資訊整合困難，公信力的問題因數量不足或片段零散未彙整完整，加盟店都是單一法人公司與真正上百家直營店人員素質一致讓客戶信賴有所差異，從內政部地政司糾紛之統計就可以發現此問題之所在。

　　做個盡責的不動產經紀人員，是應有的責任與義務，

現階段的銷售，真的是「房仲經紀人」資格，堪稱專業還有一大段路要走；要達到「房仲經紀人」資格，才真正具備專業水準，無論開發或銷售絕對應盡查證的責任也是義務。這樣購屋糾紛才會大大降低，有時深怕買方不買就亂開保證講得天花亂墜，這個現象至今仍普遍存在。主因是進入就業門檻太低只憑考個法規與法條就能執業就能簽章，這樣的資格真的太粗糙所導致，難怪亂象會如此多，除有上百家的直營仲介公司外品質尚可保障，其他真的是看客戶是否遇到盡責的房仲經紀人了。

## 個資法上路後，房仲經紀人如何因應

因應個資法不得隨意蒐集客戶資料，因此一來，行銷方式將會大幅變動，房仲經紀人要如何主動讓客戶上門，這是目前所有經紀人最關心的區塊。

新興藍海市場，網路經營也要用對裝置，才能產生作用。只架設網站就期待客戶上門的思想已經是落伍了，現況形同廢墟一堆的網站。有了網站如果未購買關鍵字或做廣告行銷是有誰會知道呢？更何況網路行銷是要花錢的，問題來了花了錢效益又有多少？不花錢又沒有客戶上門？因此又可以發現有打廣告 CF 點閱率一定上升，播出檔期

結束，流量又隨之下降。同時要打電視廣告肯定是大企業大財團，才付得起，絕非一般店家可以支付！如何小蝦米對抗大鯨魚？

　　做對的事情，並且要「正確」！才合符對的精神！

# 房仲應具備的社會責任

　　2013 年開始，房仲業法令日漸趨嚴謹，這反而是好事。當一個行業的進入門檻只是隨便上個課，就可以發給證照，這樣產業平均素質會是怎樣？別人會怎麼看？入門就大鍋炒，造就現今不動產交易糾紛亂象；縱然從 2013 年 8 月 1 日開始，新進從業人員需要通過測驗，合格後方能取得不動產營業員證照，這樣素質會較為提升嗎？這是值得深思與探討的問題。

　　廣義來看，不動產業也是金融產業的一環，在金融產業當中，金融相關測驗合格必先通「金融市場常識與職業道德」測驗，尤其不動產交易動輒上百萬上千萬上億元，卻不見此測驗課目。試問一位剛入行者，只懂專業法規法令，卻對市場分析概念與執業應有的職業與倫理道德不明瞭，想當然爾，情況會如何糟糕？這也是法令「不動產經紀業管理條例」從 1999 年訂定至今 2014 年已 15 年，進展卻是牛步化的原因，這樣的結果真是令人遺憾。

　　想要降低糾紛之產生，唯有從業人員懂得「自律」，並且持續接受相關專業教育訓練開始，這樣才能讓消費者對從業人員的素質有所改觀！以張貼小廣告為例，明知違

法仍持續作為，是從業人員藐視法令規範，及經營管理者之縱容，反觀龍頭品牌絕不會有此行為發生，這才是業者自律之展現！

　　有人會說：「不張貼廣告就等於沒行銷！」難道隨意到處製造環境污染，只是為了增加來電客戶嗎？這種損人利己的方法，容易讓左鄰右舍側目，認為房仲業竟是製造髒亂產業！事實上，大部分業者是相當守法，卻被少數人給破壞殆盡，這樣好嗎？因此從業人員的社會責任，就是自律及遵守相關法規及尊重他人，並不得侵擾其隱私權。從業人員先學會自律，才能得到更多認同，這是「人必自重而後人重之」的意義所在！

# 業務行情提供問題

　　根據內政部地政司的統計，近兩年的房屋買賣交易糾紛，不減反增，屢高不下。其中最常發生的糾紛，除了買賣雙方認知差距以外，最為人所詬病的就是房屋仲介業的經紀人員是否據實告知？然何謂「據實告知」？例如：有提供附近成交行情嗎？及真實告知該標的物的瑕疵；如果告知了，該筆買賣交易還會成交嗎？基於此理由在業務操作行為上就會衍生出說法的避重就輕，大問題說成小問題，小問題就變成不是問題或者隱瞞不說了，以至於促使買方陷於資訊不足及不對稱的地位，而做出對買賣價格判斷上的錯誤，進而導致買方出高價購買屢見不鮮。相對的賣方也可能對於交易市場的價格資訊不明瞭而任由經紀人員片面所提供低於市場成交行情價格資訊，導致賣方誤判而賤價賣出時有所聞。

　　針對買賣方交易過程及經紀人員銷售行為問題之所在，提出因應對策供相關主管機關訂定規範之參考，及經營業者於服務顧客過程中所應遵守的道德規範。

　　目前根據調查發現、貢獻、價值分述如下：

發現：經紀業管理條例有規範，經紀人員全面落實遵守有

待提升。

貢獻：經紀人員如能遵守相關規範，交易糾紛應會大幅降低。

價值：房屋仲介業者應持續不斷的教育訓練，經紀人員必須遵守法令並自我要求提升對客戶的服務，是應有的職責也才能贏得消費者的信賴。

## 簽立委託前是否都會提供成交價格資訊給屋主參閱

由受訪經紀人員發現成交價格資訊不一定有提供與同業占比為 34%，還有不會提供者各占 4% 與 7%，顯然受訪經紀人員對提供成交價格記錄資訊給屋主參閱這一件事，還是有二至三成經紀人員會視情況而定再提供。

現行委託書中有詳載條款如：依不動產委託銷售契約書範本第七條受託人之義務第二款受託人於簽約前，應據實提供該公司（或商號）近三個月之成交行情，供委託人訂定售價之參考；如有隱匿不實，應負賠償責任。因此有關對屋主於簽立委託書前必須提供成交價格記錄已規定甚明。提供實價登錄絕對要主動提供，其二再提供自家連鎖品牌成交記錄，若無以上二者資訊可參閱時，其三再尋找提供其他同業成交記錄供客戶參考。

# 收斡或收要約前是否都有提供成交價格資訊給買方參閱

　　由受訪經紀人員發現仍有 45% 收斡或收要約前不一定提供成交價格記錄資訊給買方參閱，換言之是視情況或選擇性而提供，因此與不動產經紀業管理條例第 24 之 2 條第一款規定公平提供雙方當事人類似不動產之交易價格，是有不全然之落實。

　　過去經紀人員的業務行為會針對已成交的價格資訊如有與銷售物件成交價格記錄較低者，通常會掩飾不提出，因為據實提出反而讓買方出價更低而致終結果是無法成交。但是現在從 2012 年 8 月 1 日實價登錄制度上路，經紀人員就不能再有上述情事產生，因為 2011 年 12 月 30 日增訂不動產經紀業管理條例第 24 之 2 條條文，並於 2012 年 8 月 1 日施行；因此若未遵此規範，將有違法之虞。

　　改進作法是此問題根本不用擔心，既然成交紀錄是事實，只不過這些數據都是過去的成交記錄何須擔心讓買方知道，身為經紀人員不提供，買方也會上網查詢得到。

　　這樣一來買方對經紀人員的信任度還會在嗎？基於此理由主動提供更能贏得買方的信任，由買方問卷調查中

「認為房屋仲介業越主動提供買賣價格資訊供參考越容易成交」有五成六買方是持肯定的態度，可以獲得支持該業務行為。

## 實價登錄後對業務談判是否造成影響

　　無論是實證對象為例，或是其他同業為例，由調查分析高達五成以上認為會受影響，只有12～14%認為不會受影響可見端倪，這是經紀人員的看法也就是所謂房仲經紀人的心態，這是要擔心的問題，認為此時價格都公開了無所掩飾，因此不知該如何是好？殊不知此行為若有掩飾或選擇性提供將有違法之虞，並且會造成買賣方的不信任；因此正確做法應是毋庸擔心對談判造成的影響！

　　試問：掩飾或選擇性的提供，難道買方或賣方不知曉嗎？所以開誠佈公是首要的業務行為！房仲業訴求的不是誠信嗎？沒有誠信何來信任可言？因此，此刻從業的經紀人員皆要改變過去的作業行為，如果從業的經紀人員至始至終都依法規作業我們應該更給予肯定。

## 是否會主動提供實價登錄價格給客戶做參考

　　是否會主動提供實價登錄價格給客戶做參考，受訪之實證對象或是其他同業為例，仍有 3 成左右的經紀人員不一定會主動提供實價登錄價格給客戶做參考，有關這一點的改進應是主動提供實價登錄價格給客戶做參考為優先，再則提供自家品牌交易記錄給客戶做參考，現階段實價登錄有些成交價格記錄被主管機管選擇性的剔除公開，例如成交交易記錄高於一般行情，會被主管機關掩飾不提出，以至搜尋不到該筆成交記錄。

## 是否公平提供雙方當事人，類似不動產之交易價格資訊

　　既然法令已明白規範，所有經紀人員就應該落實遵守才對，而不能再視買賣方對象的不同而對提供資訊有所不同，因此若要確實改善此項問題，可從製作「不動產說明書」時於相關資料附件中另增成交行情表資訊，這樣一來這本「不動產說明書」是買賣必參閱之交易重要文件，於不動產經紀業管理條例第 24 條雙方當事人簽訂租賃或買賣契約書時，經紀人應將不動產說明書交付與委託人交易

之相對人，並由相對人在不動產說明書上簽章。

　　前項不動產說明書視為租賃或買賣契約書之一部分。因此把不動產之交易價格資訊併入不動產說明書中，即可遵守該法令規章。

# 房仲經紀人必勝 42 字箴言守則

將多年來的經營心得，加上過去所學習的知識，轉化為 42 字箴言，這就是房仲經紀人的業務心法，也是成功心法。想要成為有業績產出的經紀人員，一定要遵守這 42 字箴言守則。

1. 出勤正常為首要
2. 商圈耕耘必勤勞
3. 認真學習要用心
4. 預排行程在今晚
5. 心中常存感恩心
6. 交易安全必做到

## 出勤正常為首要

想要成為一個成功的房仲經紀人，一定要每天都做好出勤的作業。過去在傳統的店頭作業上，出勤代表你到公司的頻率，但是在行動經紀人的世代，出勤代表的意義是你是否有認真去找委託物件、去尋找適合的買家、建置的網站資訊等等。

## 商圈耕耘必勤勞

　　商圈耕耘可以說是經紀人員的命脈，如果你沒有好好經營商圈，沒有去打好附近的關係，甚至去認識當地的里長、社區大樓的管理員或警衛，當有一天，附近有物件要出售的時候，你有辦法掌握相關的資訊嗎？當然沒有辦法，這樣一來就失去許多的機會。所以一定要紮實地耕耘你所經營的商圈。

## 認真學習要用心

　　房仲經紀人要學習的事情非常多，除了要懂得如何成交外，舉凡金融資訊、房地產新聞、如何做好服務等，都是經紀人要涉獵的範疇，所以如果你沒有一顆求知若渴的心，你的專業度勢必大打折扣。如果你的專業不足，客戶有可能把這樣數百萬、千萬，甚至上億的案子交給你嗎？我認為這是不可能的！所以一定要常常充實自己，多用心學習，這樣才是王道。

## 預排行程在今晚

其實預排行程的工作應該要隨時隨地，不管怎樣都要想辦法把每天的行事曆都排滿著業務相關的事情。唯有你把行程都排滿，你的業績才會與眾不同。身為一個業務工作者，最基本的動作就是在今天晚上，把明天的行程確定好，這樣你每天才有努力的目標。如果你都沒有做好行程規劃，那麼很容易流於過一天、混一天的生活。

## 心中常存感恩心

不管你做任何工作，一定都要知道，所賺的錢都是從大眾而來，所以一定要存著感恩的心來面對你的工作，絕對不要因為自已賺了些錢而大肆揮霍或目中無人。很多房仲經紀人都會去祭拜土地公，祈求祂保佑業績長紅，但我覺得祭拜不只是去求神，更重要的是要感謝神明的庇佑，保持感恩的心去祈求，這樣才是正確的心態。

## 交易安全必做到

　　房屋買賣常常會有大筆的金錢往來，正因如此，如果沒有處理好的話，經紀人員常會傷害到自己。所以非常強調，不管你是新手或是資深經紀人員，都一定要注意交易安全。現在已經有很多方法，像是價金履約保證等，都可以幫助經紀人員達成交易安全的目的，保護自己也同時保護買賣雙方，這樣才是三贏的局面！

## 房仲必勝守則

1. 出勤正常為首要
2. 商圈耕耘必勤勞
3. 認真學習要用心
4. 預排行程在今晚
5. 心中常存感恩心
6. 交易安全必做到

**42 字箴言～施亮州**

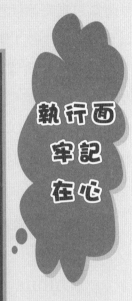

執行面 牢記 在心

# 後記

房仲事業是要深耕才能長長久久，一時的成交都稱之為運氣。唯有藉助行動裝置私有雲建置及公有雲運用，再加上蹲馬步基礎工訓練養成，將會立於不敗之地。2014 年更定義為房仲建置 APP 的元年，此項 APP 在未來更有驚人的收益，就是要擁有金流的功能，才算是完善的手機 APP，真正達到 O2O（Online to Offline）也就是線上與線下實際的交易，歡迎大家來共襄盛舉！

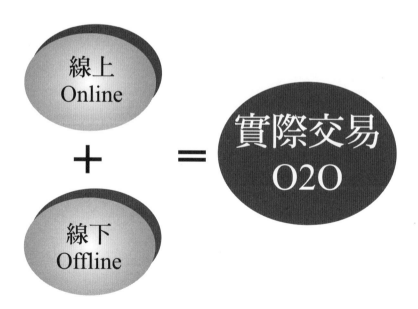

# 推薦文

## 了解創新科技及產業發展趨勢

　　你很難想像，許許多多當今叱吒風雲的跨國大企業，其實當年都是由20幾歲的有志青年在學校或車庫中發跡，進而成為對全球產業影響深遠的重要公司，例如：

- 1976 年 Steve Jobs 在車庫創立 APPLE 公司；1978 年股票市值達 17.9 億美元，開啟了個人電腦呼風喚雨的時代。

- 1975 年 Bill Gates 與朋友創立 Microsoft 公司；1990 年營業額達 10 億美元，開啟了電腦軟體價值凌駕硬體之上的時代。

- 1994 年 Jerry yang 在史丹佛大學宿舍創立 Yahoo！公司；1996 年股票市值達 8.5 億美元，開啟了入口網站的黃金年代。

- 1995 年 Larry Page 和 Sergey Brin 在史丹佛大學宿舍創立 Google 公司；2004 年股票市值達 360 億美元，詔告了網路搜尋服務時代正式來臨。

- 2004 年 Mark Zuckerburg 在哈佛大學校園創辦 Facebook，2012 年股票上市，全球用戶超過 10 億人，開創了社群媒體引領風騷的新時代。

當世界已經邁入了所謂的「雲端運算及行動 App 時代」，不論任何一種產業發展的趨勢和企業的競爭優勢，都面臨了全新的挑戰，也帶來了全新的機會，而只有能充分掌握趨勢成為自我競爭優勢的智者，才能成為最後的贏家。

2013 年，我臨危受命為經濟部工業局規劃了一項「創新產學合作人才培訓招募計畫」，希望能結合產業界與學術界的能量，以創新的培訓模式來培育我國雲端運算產業的應用人才。記得亮州兄就是在當時，參加了我們的這項培訓計畫，經過層層淘汰過濾後，入選參加培訓計畫的菁英之一。

我們幾位評審當時在想，亮州兄既然已在房地產市場累積了這麼豐富的經驗，並且已經有很好的成就，為什麼還要參加這項雲端運算人才培訓計劃呢？難道是要轉業嗎？他真的能適應這項計畫嗎？他能堅持學習到最後嗎？

說實話，培訓的過程並不輕鬆，每個禮拜的課程除了極具實務經驗的老師授課之外，小組同學要準備很多的研讀資料和討論內容並上台報告，還得接受好幾位老師的

輪番即時提問，而同時間，教室旁邊坐著很多位企業代表和業師，正在盯著每位同學的一舉一動，隨時在評分表上打分數，同學的壓力之大可想而知。不過最後的事實證明，亮州兄的表現遠遠超出了我們的期待，他在上課期間不僅非常認真地研讀老師提供的教材，和同學的討論和交流也非常融洽，更常常會以自己在職場上的多年經驗適時指點較為資淺的同學，這樣的學習態度，的確堪稱是該梯次學員當中的模範學員。我想，其實或許這就是亮州兄為什麼會在房地產這個領域擁有如此傑出工作成就的主要原因吧！

在我多年的實務教學生涯中，曾教授過許許多多的學員，也幫助過許許多多的年輕人實現他們的夢想，因此也結交了各行各業許許多多非常傑出的朋友，更從他們身上學習到了一生受用不盡的寶貴智慧。有人說，買房子是一個人一生中最重要的人生大事之一，我相信亮州兄以他的專業也一定曾經幫助過許許多多人圓滿地完成了他們的人生大事。我想他會參加這項培訓計畫，一定也是想要學習更新的知識和技能來幫助更多的朋友吧！

其實在人生旅程中，我們每一次的學習，都會為生命增添更豐富的色彩，為未來的飛翔帶來更高更遠的能量。本次欣聞亮州兄的《房仲高手雲端行銷：運用網路科技創

造千萬收入，APP虛實大整合》即將出版，書中所提到的有關雲端運算以及行動科技的應用，許多都是我們在培訓課程中和亮州兄一同教學相長的成果，因此我也衷心地期盼，亮州兄的這本著作，能夠在雲端運算和行動科技的大浪潮中，引領更多不動產行業的朋友來了解這些創新科技及產業發展趨勢，並且造福更多朋友，能夠抓住時代的浪潮，一同為自己的生涯開創一個更高、更遠、更美好的未來！

　　共勉之。

中國文化大學創新育成中心執行長

**廖肇弘**

2014.2.15

# 掌握資訊工具是房仲業必要的條件

近十年前受託為國內房仲品牌進行網站使用者經驗（User Experience）顧問工作時，腦中曾浮現過一個疑問，使用者經驗是一個專業領域的工作，目的是透過嚴謹的方法來瞭解使用者，進而改善產品的設計，由於當時台灣的產業環境中知道這個概念的人並不多，肯花一筆不低的費用聘請這方面顧問的更是少之又少，而房仲業這個看似傳統的行業，怎會如此積極的將這個概念導入數位產品的設計企業流程中呢？

深入瞭解這個產業後，得到一個很有趣結論：房仲業其實是資訊業。

房仲必須傳遞並平衡買方與賣方之間的資訊落差，進而產生交易，而且除了買賣方外，還必須同步處理法令、環境、市場等不同領域的資訊，並將這些資訊整合成能夠促成交易的環節，某種程度而言，這樣的工作與資訊產業有著極高的相似程度，也難怪房仲業是少數在網路發展前期就投入數位化的行業之一，因為，在這個行業中，掌握

資訊工具是必要的條件,而工具運用的良窳便成為了能否在這個行業中成為佼佼者的關鍵。

網路時代來臨時,我們也許因為不瞭解而錯過了,面對已經在進行式中的手機年代,我們還要再錯過嗎?

過去,有許多資深的房仲業者常說,客戶是在泡茶中成交的,而這些客戶從來就不上網,頗有「多少生意事,盡付笑談中」豪情快意,的確,在網路年代中,很多人因為不會使用電腦,當然也不會上網,但是時至今日,在手機不離身的時代,很少人會說自己不會用智慧型手機,因為,消費者就算想買非智慧型手機也不是那麼容易可以買到的,而隨著手機硬體在市場上的變化,各類的行動載具也快速的成為使用者取得資訊主要管道,房仲業當然也不例外,只要參考一下各種房產相關的 App 使用量就可略知一二。

房仲的行銷工具必須口袋化,這點無庸置疑,但是要如何取得工具與如何運用工具則是接下來的問題。

首先,工具的取得與資源有關,由於 App 的技術門檻相較於網站高出許多,因此多半只有掌握豐富資源的組織與企業方有能力利用 App 行銷,因此,房仲業往往只有總部有能力利用行動 App 來行銷,單店與個人想要擁有行動行銷工具幾乎可說是痴心妄想,再者,即便有了行

動行銷的工具，基於使用者在手機上的行為模式與使用網站時大相逕庭，因此，必須要對行動行銷的模式與使用者行為具有正確的認知，才能訂定正確的行銷策略。

上述的兩點不僅僅是針對房仲業，而是所有想投入行銷活動者心中難解的問題，然而，在本書中，作者不多談虛無飄渺的行銷理論，用最平易近人的實戰守則引導讀者進入新時代的行銷領域，從設備、工具的取得與應用，一直到行銷方式，甚至從業人員每日的工作排程都可以在書中找到鉅細靡遺的說明。本書的讀者群雖然設定為房仲從業人員，但從另一個角度來看，書中行銷操作的手法，套用在各行各業也都能產生具體的效果，不論用在對新進業務人員的培訓，或是資深人員的充電，都是不可多得的著作。

喬立達數位媒體　策略總監
房仲品牌　使用者經驗／數位策略顧問
**魏澤群**

### 資訊科技專家

# 一起走向
# 「行動經紀人及雲端辦公室」時代

去發現去改變，是施亮州顧問授與我們的目標與任務，施顧問對於網路科技時代房仲公司及房仲經紀人在未來發展，洞見提出「行動經紀人及雲端辦公室」的口號與創意，並不於餘力的推廣宣導予房仲從業人員，由於施顧問的無私與用心感動了我們的團隊，於是全力投入促成施顧問心願，著手「行動經紀人及雲端辦公室」的美夢，並且能夠落實應用，最後經由施顧問的指導與修正，終於完成了。

施顧問的指導與洞見就是「Cloud Mobile 0ffice 一隻手機一切搞定」如下：

1. 房仲經紀人專屬雲端行動辦公室服務雲端化的時代，透過雲端工具人性化、自動化跟進，行動支援，隨時掌握、隨時不錯過任何商機。

2. 透過雲端工具幫您將所有客戶需求整合串聯。

3. 雲端行動辦公室輕鬆瞭解物件歷程並且進行追蹤

管理提升整體工作效率。

4. 團隊成員可透過雲端行動辦公室共享雲端平台並且透過雲端工具人性化、自動化跟進。

5. 客戶變成朋友，並提供精準專業的服務成為不動產雲端經紀人快速成交的關鍵。

6. 有物件怕被踩線？怕客資"屋主資料洩露？使用 Cloud Mobile Office 一切都安心。

7. 有物件找不到客戶？有客戶找不到物件？使用 Cloud Mobile Office 建立伙伴天天都冒泡。

8. 以客為尊的指標，經營個人專業品牌形象 Top 1。使用 Cloud Mobile Office 全球首創開立客戶屋主，經紀人伙伴及任何人的私有帳號、密碼進入 VIP 賞屋中心瀏覽物件成為客戶心中 Top1 的經紀人專業形象。

9. 擁有 360VR、720VR 虛擬實境賞屋？使用 Cloud Mobile Office 全球首創應用手機拍攝上傳長條圖即可呈現 360VR、720VR 虛擬實境賞屋簡便。

10. 指定專屬 VIP 賞屋瀏覽網站挑選客戶所需的物件上架並可隨時修改或刪除物件，一支手機隨時隨地完成物件登錄並立即發送給客戶、屋主及合作伙伴。

　　最後感謝施顧問對於房產業的投入與用心，在此表達衷心的感恩與祝福，本書的內容包羅萬象，相信拜讀過的人絕對增加十年的功力，戰無不克，更希望房產從業人員能共襄盛舉，一起走向「行動經紀人及雲端辦公室」的網路科技新時代，造就天天成交，天天歡樂的榮景。

泉源商務行銷有限公司　董事長
鄭均瑞

# 房屋仲介「網路、手機、雲端」的
# 行銷時代來臨

　　常聽人提起「房地產專家」；傳統的「房地產專家」跼限於「房地產法制」；「房地產法制」包括民事、建築、地政及稅務，故對其中一、二項素有研究或經驗者，即可稱為「房地產專家」。

　　隨著時代的演變，房地產市場興起，伴隨而來的是市場調查、投資分析、指數編製、行情預測、價格評估、仲介經紀——等；法制面也擴大到都市計畫、都市更新、區域計劃、市地重劃、農地重劃、土地徵收、區段徵收、消費者保護、公平交易、公寓大廈——等；故對其中一、二項素有研究或經驗者，亦可稱為「房地產專家」。

　　如上所述，房地產涉及的層面相當廣，所謂的「房地產專家」，窮其一生，是無法面面具專，如能對其中幾項素有研究或經驗者，就已經是難能可貴了；故房地產買方或賣方等廣大消費群，切記：碰到「房地產專家」，如以為其對於房地產無所不知、無所不能，可能是一件天大的

錯事。

「房仲經紀人」也算是「房地產專家」，或許各單一層面的「深度」不如素有研究或經驗者來的「專精」，但面對各種層面的「廣度」，絕對居各「專家」之冠；緣此，各層面的資料蒐集、匯整、分析、研判、運用、傳遞、展示、行銷──等，也成為房地產專業領域中不可或缺的一環。

傳統的房屋仲介，隨著科技的進步，在市場上有可能被邊緣化，取而代之者為「網路、手機、雲端」的行銷；展望新時代的可能快速來臨，本書作者施亮州君嗅覺靈敏、反應特佳，以其房仲深厚之素養及經驗，為房仲業未雨綢繆、鉤劃前景、著書立說，誠屬可貴。故於其出書之際，特誌數言，以表祝賀，並期共勉。

地政士公會全國聯合會第一屆理事長
**陳銘福**序於臺北
2014.2.7

不動產教授

# 一本提升房屋仲介行銷策略的力著

國內房仲介的名師施亮州兄在甲午新春期間前來拜年，並攜來最新力著《房仲高手雲端行銷：運用網路科技創造千萬收入，APP虛實大整合》新書稿本前來，囑余為序，令我大為驚訝，因為我還記得在不久之前（2008 年 8 月）幫亮州兄的一本名著《房仲高手成交關鍵》寫過序，而他的另一本暢銷書《千萬年薪的房仲高手》也在不久前的 2006 年 11 月出版，沒想到這麼快又有一本新書出版，寫作之勤真令我佩服萬分。

認識亮州兄已逾 20 年之久，我對他在房仲介的努力與奮鬥，尤其是在繁忙的房仲工作之餘，尤能到處傳授房仲工作竅門，不遺餘力的傳授給房仲從業人員及一般消費者，其敬業精神與犧牲奉獻的工作態度尤其令我敬佩。

民國 100 年夏天，亮州兄進入本人授課的中國文化大學環境設計學院建築及都市設計研究所碩士在職專班進修碩士學程，並承亮州兄厚愛，找我連同研究所所長陳錦賜博士共同擔任碩士論文指導教授，撰寫「房屋仲介業對買

賣價格資訊使用調查之探討」論文，並順利在民國 102 年
7 月通過論文口試，取得碩士學位，真是可喜可賀。

　　此次亮州兄將傳統房仲經營策略與網路行銷相結合，
探討「如何透過網路找到屋主與買方」、「如何收集訊
息，決定房仲競爭力」、「雲端房仲如何打造個人品
牌」、「運用雲端科技、銷售無往不利」、「新時代房仲
需要知道的事」等五項房仲新策略，在在都是當代房仲人
員嶄新的課題，如果能夠對這本書詳加研讀，好好的運
用，相信對房仲的經營及運作必將有相當大的助益，本人
有幸在出版之前先拜讀本書，高興之餘特為之序。

台灣大華不動產估價師聯合事務所　所長
張義權
2014 歲次甲午新春

不動產教授

# 締造雙贏互利的嶄新商業模式

　　房價資訊透明化對消費者而言極為重要，因此從業人員必須主動提供詳實資訊，確實遵守法令規範；雖然實價登錄制度業已實施一段時間，惟美中不足之處就是時間的落差，未能即時公開交易資訊，導致買方、賣方、房仲經紀人常因認知不同而發生糾紛時有所聞，其中尤以交易價格資訊不夠透明，消費者無法即時比較判斷最受訾議，這些均有賴主管機關再加以檢討改善。

　　隨著智慧型手機的普及，利用科技提供即時看屋資訊亦是最近業者提供的一項新的服務項目，此舉已逐漸顯露顛覆傳統看屋方式之流行趨勢，例如房仲經紀人帶客戶看屋，事前提供 720 度現場實境供買方參考，伺買方滿意再前往現場，藉此即可節省不少彼此的寶貴時間。其次，對於房仲業者與商家或鄰里亦可建立良好關係，藉由一隻手機經由雲端服務，就能提供更多的優惠好康，俾便彼此締造雙贏互利的嶄新商業模式，這些傳統營運不容易做到的，都可經由雲端來達成。

　　本書作者亮州從事房產服務多年，能將往昔所見所得結合現代雲端科技，務實的將其運用於房仲實務，不僅觀念先進，同時亦將相關解決方案予以詳細描述，讓房仲經紀人得以輕鬆的提供客戶更為良好的服務，在此樂見新書出版並預祝成功熱賣！

淡江大學產業經濟學系
副教授　莊孟翰

房地產專家

# 趨勢・資訊・行動，下 e 桶金決勝點！

我從事不動產業 25 年了！

過去學者見解 7 年為一個景氣循環，而今看來不夠具體且太偏頗也太攏統；至少目前台灣的不動產黃金期已興旺 10 年以上，以前坊間所謂的專家名嘴，奉為圭臬的不動產投資唯一準則「地段、地段、地段」，似乎也因「投資、置產、自住」不同目的而有了不同選項。自 2009 年起，全國不動產輪漲的趨勢顯著，不動產投資區域變大、變廣、機會更多，但變數也更加複雜；以投資而言，好地段不再是唯一的選擇。看得見趨勢的投資者，腳步重心跟著南移，從首都台北市轉攻板橋、台中、高雄、、等，投報率最高的區域，逢低布局，才能有高投報率的道理，正如全世界基金會首選新興國家，相同道理。

個人經營仲介、代銷、營造、工業不動產、建設等行業，歷經台灣各階段不動產業發展歷程，不論是環境、資源、條件、法令、生態，熟悉產業各種面相，這應該是亮州兄請我寫推薦文的主因；縱然無法寫到文情並茂，但至

少務實有理，切合趨勢現況。我向來是務實的執行者，而非靠嘴巴講理論的「大話家」，不動產的趨勢預估，除了綜合經濟條件外，現今較大的變數，即為政府政策及租稅規劃；像是利率、銀貸成數、供給量、區域輪漲、GDP、CPI、重大建設、資金量能、、等，各種複雜的條件加總，都有可能成為房價上漲或下跌的推手。

台灣連續 11 年的低率表現，2009 年遺產稅及贈與稅的調降，全面上演資金行情，全國房價蠢蠢欲動，高鐵一日生活圈完工啟動，不動產上演輪漲行情，更是遍地開花。2011 年 6 月政府實施奢侈稅，成交量迅速萎縮，市場急轉直下！殷鑑不遠，由此可知影響不動產市場的關鍵因素即為「政府政策」。

2014 年 2 月 27 日：內政部全面發布修正「土地登記規則」第 24 條之 1 等條文，修正後的第二類土地登記謄本，將不公開所有權人完整住址資料，以落實個人資料保護。自此全國合法約 6000 家房仲業者，將全面洗牌面臨更嚴峻的挑戰。此時此刻，亮州兄出版《房仲高手雲端行銷：運用網路科技創造千萬收入，APP 虛實大整合》勢必引起全體房仲同業的支持肯定與熱烈迴響。

　　過去，亮州兄所出版的不動產系列著作，像是 2006 年的《千萬年薪的房仲高手》、以及 2008 年《房仲高手成交關鍵》，屢獲不動產業好評。不僅是業界的致勝叢書，也是學術界喜愛的參考教材，更是所有關心不動產動態的消費者所喜歡的暢銷書，排行榜上的常勝軍。此次，我相信《房仲高手雲端行銷：運用網路科技創造千萬收入，APP 虛實大整合》深入淺出的表達，不僅能全面提升房仲業者的觀念，也能增強從業人員的素養，更足以讓所有消費者肯定房仲業是所有服務業的雲端先趨，扭轉大眾對本業的看法，成為所有房仲業者最重要的研習教材，並融入經營實務裡，多方啟發。

　　未來房仲業者的生存之道都在這本《房仲高手雲端行銷：運用網路科技創造千萬收入，APP 虛實大整合》裡，鉅細靡遺的範例與法條列表，絕對是房仲從業人員不可多得的工具書；拜讀亮州兄大作之餘，佩服亮州兄的先見之知，深知房仲業將面臨史上最嚴竣的考驗，更敬佩其恢弘的氣度，竟願將這部房仲業者生財 KONW-HOW 寶典，公諸分享於世。

　　這一回，不動產權威再出擊，我誠摯推薦！

　　這本《房仲高手雲端行銷：運用網路科技創造千萬收入，APP虛實大整合》，絕對足以作為每一位積極投入不動產投資的買方、賣方、從業人員，學以致富的智庫寶典！

富旺國際開發股份有限公司

（股票代號6219）董事長　林正雄

中華民國 103 年 3 月 3 日

房地產專家

# 跳脫房仲業傳統，創造新藍海

彰化同鄉會成立在台灣也有四十年的歷史了，有感參予者隨著時代也漸漸年長，此刻應該是把這彰化優良傳統要培育更多接班人，才能促進團結力量讓他發揚光大，亮州不只在房仲業培育新秀不無餘力，也是電視報章雜誌的採訪的要角之一，在業界更是名人講師是眾所皆知的事。

坊間能做事，能說的人很多，能教導的人不少，願意分享經驗的人也大有人在，但是能寫出好文章又實用的就不多見了，進而由出版書籍與他人共享者更寥寥可數，可見教育訓練及出版品是亮州的強項。此書已是亮州的第四本著作，可見寫作的功力是有內容的且多樣豐盛此次更跨界資訊產業真是不易。有幸在出版前能先拜讀大作，獲邀寫推薦文感到非常榮幸。

在日常生活中低頭族隨處可見，人人持有智慧手機已不是新鮮事，但是能把其中理論與實務應用面描述的非常清晰，真是難得一見；同時其文中也把現在最新的App手機軟體程式，如何應用在經營商圈的做法陳述出來，可謂

跳脫傳統並且創造新藍海，值得大家在自己事業裡去思考及參考活用。

因此觀念要跟上時代及世代要傳承藉助智慧手機的應用在未來，似乎可以建構強大的網絡趨勢已指日可待，目前也是我們最好的商機通訊工具，如臉書 Facebook 及 Line。亮州可謂我們彰化優秀青年作家的代表，無私與鄉親分享新知識，在此鼎力推薦並預祝新書大賣。

中華民國彰化同鄉總會　總會長
富鉅鼎集團　　總裁
洪村統

房地產專家

# 創造讓消費者更滿意，生活更美好的消費平台

近年隨著數位載體的蓬勃發展，各行各業都在一波波的潮流下被帶動、更新，讓自己也成為數位化的一份子。從事房仲業已有近三十年經驗的我，也不例外！

從早期的在各家各戶的信箱放置傳單、製作大型看板在街弄巷口，到以數位檔案製作更精美的房屋資訊並可線上觀看……。

近些年來，我所經營的房仲公司更將更新的物件隨時上傳到網路，讓客戶可以即時就能了解最新的情報！時代在進步，行銷宣傳的方式也要因應著客人的習慣與喜好改變，更重要的是，要在客戶提出需求前就先為他們設想周到，更致力於傳承工作。

亮州近幾年除了本身經營房屋仲介店頭外，憑藉自己過去的豐厚經驗分享予新進的房仲從業人員。更甚者，為了提高看屋客戶的便利性，更將自己透過科技、透過系統便可輕鬆將房屋以七百二十度的影像透過手機讓客戶可以

即播、即看，之經驗於本書中分享！

今天有幸拜讀亮州之《房仲高手雲端行銷：運用網路科技創造千萬收入，APP虛實大整合》新書書稿，了解更多業界中的行銷宣傳方式，除了自我期許更貼近顧客想法與需求，不要被快速更迭的科技浪潮遠拋於後外，也相信在大家的努力下，臺灣的房仲業會更有希望，也會替想要買一個溫暖小窩的消費者帶來更多的好消息！

東森房屋東門加盟店　副總
南門加盟店
以馬內利不動產公司
**張劍晴**

張劍晴，目前經營東森房屋東門加盟店、南門加盟店（以馬內利不動產公司），曾任巨東房屋、大旺房屋銷售副總，具房屋仲介服務三十年經驗，因著「誠實銷售」之理念，獲得各科技電子產業、金融業高階主管客戶之信任，成為其專屬之不動產顧問。並於 2012 年由商周出版社出版「從 O 到 A+」一書。

房地產專家

# 不斷提升房仲從業人員的能力

在這個科技的時代裡，智慧手機、行動上網已經是每個人所必備的生活要點了。早期的房仲所依靠的是掃街、派發傳單、電話拜訪。然而廣告上也只有照片來參考。一旦有客戶來看屋時就必須準備大量的紙本，往往看得越多就需準備的越多，如此一來不只是客戶，有時連房仲也會搞亂其物件內容，因此而產生許多的問題。

隨著科技的進步，平面照片也已經進化為720度的全景。看屋也不再只是侷限於平面廣告或是家用電腦。隨時隨地的上網即可看屋，還可以搭配街景圖來做篩選，進而找到符合自己需求的物件。

認識亮州算一算也有 20 個年頭了，每每接到他的來電總是喜憂參半。喜的是他又有新的資訊、新的思維要來與我分享，讓我可以來做更新。憂的是自己的腳步是否落後於時代的潮流太多，但亮州總是把所有的觀念、思維用淺顯易懂的文字敘述將它記錄在書籍裡，使我們能夠像是在細細的品嘗一杯咖啡，在這麼潛移默化下讓我不斷的更

新自己的資料庫。

　　每當新進人員進入公司必先拜讀亮州的著作並視為寶典，如此能讓新進人員正確的了解房仲從業人員的基本需求與概念，進而不斷的提升自我的能力，成為一位真正且快樂的房仲經紀人。

　　在此　祝福


中信房屋　三重重新加盟店　店東
李進雄

# 房仲經紀人最重要的就是學習力

　　與亮州已是 20 年的老戰友了，每次與他見面他總是風塵僕僕，帶來了新的訊息，在講師界的名號已是響噹噹，但他仍不忘灌入新的學習，一次比一次更耳目一新。

　　去年他跟我分享雲端 APP 的運用，我是聽得霧煞煞，他是講得口沫橫飛。一則以憂，一則以喜；憂的是我落後太多了，這些工具我仍有點一竅不通；喜的是有新東西可以學，同時能給客戶更迅速的服務。

　　不動產經紀業這個產業發展至今，在台灣也算是成熟的行業，經營的模式千變萬化，沒有相當的功夫是無法生存的。自從個資法實施以來更是對從業人員綁手綁腳，一不小心就會觸法慘遭罰款，已經很多人因此退出從業，可是這是趨勢，卻逼得你不得不從。上帝關了一扇門必然也會給你開一扇窗，當亮州跟我分享行動網路在房仲的運用時真的很慶幸自己有這樣的好朋友。

　　身為房仲經紀人，我覺得最重要的就是學習力，一來是房地產的內容是學海無涯，二來新的法令或產品的推陳

出新也讓你不得不持續的學習。民國 75 年前賣房子跟本沒有所謂的不動產說明書,現在呢?它卻是房地交易的必備文件;民國 85 年以前誰知道信託履約保證?如今更是成屋與預售屋的買賣客戶要求的服務流程。網路的運用,以往只是查詢物件資料與照片,現在則是已發展到影音與 720 度看屋,但這些都要坐在電腦前面才能觀看,受限於地點,比較無法即時。目前最迅速的是手機直接傳送,客戶端能收到最快的資訊,無線網通已徹底改變了現代人的生活習慣,我們做服務業的當然要比客戶快速才能滿足其需求。

欣見亮州能把我們的產業服務提升到此境界,足見其用心的程度,我也同時要求我們的從業人員迅速充電,以迎接嶄新時代的來臨,不動產的交易強調安全、迅速、合理,相信亮州的新書帶給我們的知識儼然已含括了上述的要求。

住商不動產　中山聯合加盟店　台北晴光加盟店
副總　**周勝國**

# 工欲善其事；必先利其器

「不動產經紀人」是目前大學畢業生首選職業的十大排行之一，因為它的新人階段入行限制較少，只要具有大學以上學歷，大型的房屋仲介公司就會有提供保障每月 5 萬元的薪水，且經紀人只要夠認真、夠努力，加上如能得到客戶的信任與肯定，在短期內要創造「百萬年薪」並不是一件困難的事。

本人與作者-施亮州先生均是從事不動產經紀人行業，也同在上市的房屋仲介公司同事過，已有近 20 年以上的經歷了。施亮州先生本身從基層的不動產經紀人做起，接受過正規的教育訓練，並經歷到管理階層，甚至訓練講師，可說是不動產達人了。

在現今十倍數的時代，人手一支智慧型手機，各式各樣的應用 APP、來掌握第一手的資訊，是成功必備的工具。而作者本身更能洞足先機，在資訊戰、雲端科技戰中，發展 360 度及 720 度的全景攝影 APP，讓買賣雙方客戶在第一時間可以用手機，立即看到經紀人提供的物件屋

況，搶先得到客戶的信任與肯定。

工欲善其事；必先利其器，房屋仲介經紀人如何運用雲端科技來打造個人品牌，變身行動經紀人，本書裡有詳盡的介紹，尤其內容中教導房屋仲介經紀人如何利用指尖經濟 APP 程式，收集第一手資訊，將資源做有效的整合，成為房仲經紀人必備的軟體工具，

身為房仲不動產經紀人的我，在此推薦本書，如有心想進入不動產經紀業的人或是想成為不動產經紀人中的TOP-1，如能握有此書，將有事半功倍的效果！

國際扶輪 3480 地區福星扶輪社

前社長　**陳家豪 House**

# 「行動房仲經紀人」挑戰一觸即發

二十一世紀，人手一台手機「一指神功」行遍天下，放眼望去幾乎都是低頭族，不會滑你就落伍了！

雲端時代，不管是硬體或軟體都不斷地在推陳出新，網路資訊更是無所不在，藉由「房仲行動經紀人」打破傳統紙張文宣戰進入網路行銷策略的思維，是本書帶給我們的啟發。早期對於不會的就是要去問，會的就要更深入瞭解，才能變成自己的知識學問；現在是不會的上網就能找到你要的任何事！

亮州是本會青年工作委員會的主委，第一次接觸是承租會館時，身份是房仲，爾後總是揹著相機補捉活動花絮，熱心公益不落人後，認真是最佳寫照。正如此書末言必勝守則，在我的解讀是認真、深耕、用心、積極、感恩、誠信。相信這本書也能帶給讀者同樣的感受！

隨著時代改變，唯一不變就是變，「行動房仲經紀人」挑戰一觸即發就在你我的一指滑動間，開戰吧APP！

台北市彰化縣同鄉會　　理事長
北京台資企業協會　榮譽理事長
北京寶樹堂集團　　　　總裁
謝坤宗
2014.2.14

企管名家

# 雲端銷售、虛實整合，一支手機搞定！

雲端服務新時代來臨，網路環境的成熟與智慧型手機的平價普及，隨時可見「滑世代」存在你的週邊。他們整天拿著手機，低頭的滑不停。吃飯滑、搭捷運滑、開會滑，連男女朋友面對面的約會，也是各自拿個手機滑不停。每個人的工作、生活、金融、購物與娛樂等需求，藉由雲端服務 App 的個人化與個性化，一支智慧型手機就可以讓你搞定所有事情，滿足你所有的需求。

網路方便的服務，讓你與智慧型手機之間，形成另一個豐富多元的綺麗世界。它已不只是工具，幾乎是日常生活一部份，更讓人每個人都活在方便的雲端服務上。這樣的情況，已經是國際化與全球化的趨勢。看看你我彼此，我們不也都是這樣嗎？

根據調查，多數年輕人在購屋前，多是從網路搜尋相關參考資訊。而這些主要的購屋族群，幾乎都已經擁有科技化的生活習慣了。在提供仲介專業服務的高度競爭行業中，更不可忽視這樣的趨勢行為改變。

　　對仲介從業人員來說，不但該擁有這樣的雲端服務觀念，更該懂得善用科技工具，來提供客戶最及時、迅速且完整的服務。當客戶有房地產相關問題時，他最快能找到誰？當有服務需求時，他第一個想到誰？當他想深入了解更多相關資訊時，他會約誰來談？

　　以前，店在哪裡，服務就在哪裡。未來，客戶在哪裡，我的服務就在哪裡。雲端科技，一定是未來專業房仲經紀人的必要致勝武器。而服務帶動銷售，更能在雲端科技中落實到極致。所有的市場，都已經是無疆界競爭。雲端服務，讓及時的資料庫與團隊的整合支援，可以輕易打個漂亮的國際團體戰。無論你在台灣、中國、東南亞、日本或韓國，甚至是遠在歐美，一樣一支智慧型的手機就可以輕易搞定。

　　跟亮州兄認識很多年了，他不但擁有豐富的實戰經驗，且具備完整的理論基礎。個人在房產仲介的知識與經驗上，更是受其啟發甚多。在《房仲高手雲端行銷》這本書中，把他個人在虛實整合的完整 know how，包括網路個人行銷、雲端工具與實際運用方法等，全部毫無保留的徹底大揭露。

　　少了亮州兄《房仲高手雲端行銷》這本書，你將落後同業五年以上。想快速成為專業的房仲行動經紀人，建議你千萬不要錯過這本好書。


　　　　　　　　　謀略大大創股份有限公司　首席顧問

　　　　　　　　　陳其華

知名律師

# 認識「科技服務業」與「房仲業」 最佳的結合趨勢

　　大約在 2006 年左右，自己的律師事務所開始嘗試幫委託人出售房屋，原以為「房仲」是件簡單、高報酬的工作，但受託後，光是零零落落的看屋需求，就足以讓事務所上下疲於奔命，才發現這個工作有相當的專業性存在，非如以往想像般的容易。

　　幸運地，當時事務所同仁找到一本讓大家頓悟的書籍—施亮州老師所著的《千萬年薪的房仲高手》閱讀後，終於對如何執行房仲業務，有了啟發性的認識，往後的面對房地交易，也能更順暢地執行。

　　2008 年前往文化大學進修不動產估價師學分，是第一次當面接觸到施亮州老師，當時他已有相當之名氣，雖未敢當面就教，但能短暫同窗學習，已深感興奮。考上不動產估價師後，有更多的機會與場合與施老師結緣、就教，如沐春風。

　　施老師此次出版《房仲高手雲端行銷：運用網路科技創造千萬收入，APP虛實大整合》除了提供房仲業未來的發展趨勢，更可貴的是，可以讓讀者一次明瞭「科技服務業」與「房仲業」最佳的結合趨勢。佛學勉勵人的修養：從「有我」到「捨我」，再進階到「無我」，在施老師的身上及其著作，都已經充分顯現了，在此也興奮地推薦給大家。

律昭法律事務所所長
不動產估價師、地政士、
不動產經紀人、記帳士
**黃達元**律師

# 【中國新娘 見證】

我是從大陸嫁來台灣的中國新娘，因緣際會進入了房仲業，剛開始語言不通，又沒有親朋好友人脈，環境又不熟，對我而言真是困難重重。

有幸拜讀了施亮州老師撰寫的《千萬年薪的房仲高手》以及《房仲高手成交關鍵》這兩本書具備了我們房仲從業人員所需要的基本常識，淺顯易懂，又非常具有全面性；每當我在工作中碰到疑難雜症時，就翻閱這兩本書尋找解答，受益匪淺，讓我這個房仲業的新兵，短短一年就獲得東森房屋TOP100的仲介菁英大獎，真是萬分感謝！

其中影響我最深的是施老師：「把自己行銷出去的觀念」，記得在民國九十九年間我看到網站刊登一則屋主自售高雄車庫別墅廣告，該屋開價四千多萬元，我馬上去電屋主，表明我是東森房屋業務員，想協助屋主出售這棟房屋，並向屋主表示我有信心，一定有能力將屋出售；因屋主家住台北，該屋卻在我們高雄公司附近，易能就近照顧，但屋主堅持自售。一年後屋主還是無法售出，惟期間我隨時與屋主保持密切聯繫；然而，屋主之後卻開放一般委託銷售契約給七十家房仲業者出售，行銷半年還是沒有

售出，於是我再去台北拜訪屋主，把我對這棟房屋的完整性評估，及如何行銷策略，並提供附近的成交記錄表，做了一份詳細的報告，請屋主給予一個月的專任委託銷售契約，最後屋主欣然應允，簽了專任約後我從房屋一樓到五樓重新施作防水工程，油漆、打掃、除濕，另在庭院種植了花草，然後駐場行銷，短短十九天就順利成交，且還超出屋主所定的底價，屋主非常高興與感謝；所以務必要把自己勇敢且有自信的行銷出去，才有利於開發與行銷，進而順利的成交，如此方能創造買賣雙方與公司三贏的局面，而我們業務員亦能賺取豐碩的佣金，皆大歡喜！

張雅平

東森房屋鳳山文山加盟店　副理

# 【中年轉業 見證】

　　我原本是從事美容工作者，在一個偶然的機會裡，讓我接觸到仲介業，那時候的我一心只想要賺大錢，於是就投入了這個行業，剛開始做的時候店長常講做仲介，只要努力及有沒有方法，剛好因緣際會，公司的黃經理一直很推薦施亮州老師的書，黃艷秋經理要我們看，施亮州老師寫的書《千萬年薪的房仲高手》讓我更有前進的勇氣，施亮州老師幫我們整合如何做好房仲的底子，以及後來又出《房仲高手成交關鍵》這兩本書，施老師說要如何把自己行銷出去提昇房仲素質，也就是說自己要有自信，我跟著書裡的說法去做淺顯易懂，裡面很多表單可以讓我們如何管理客戶，施老師真是好窩心要我們秉持著書本上的程序來做這樣一來，才會事半功倍。

　　我要分享成交關鍵是在於如何了解買方需求，包括看房子時間多久了，為何來蘆洲買房子，以及設定購屋價金，在第一次見面對談中給買方很好的印象，包含我們的熱情，專業，區域行情，講解給我的買方了解由其有了實價登錄後更難在價位上說服，所以說現在的買方，都會做

功課，我們要真誠用心的回答，當我在配對中最重要是熟悉公司的物件哪件是急，價金是否吻合買方差距不會太大，這次的配對2間都很成功，在得知買房的想法時，才得以說服下斡旋，買方說我可以買在我的預算內的房子坪數房數那是最好，當然更好的是可以在預算裡更大坪數房間更多，那最好不過，聽到這邊重點來了，買方已在2年前就看房為何2年後還沒買，重點是他沒鎖定目標，從新北市看到桃園，從套房看到透天厝，目前還在租房，每月要支出2萬5仟元租金，買房並沒有鎖定區域所以說很辛苦，於是我聽見客戶的心裡話，我也看到房子的真價值。

　　我應該替買方做個決定，為什麼說呢？因我們是專業的房仲，我們就要當導演，主導所有的過程，讓他更想要買房順心如意，當他看完房子時我問他這個物件適合嗎？他說還可以，不過他要親自走走看，到捷運站需要多久時間，我說好您就走吧！回到公司我就大概留意一下買方的時間是否該到達了，我就用 line 問他，人到了捷運站了嗎？如何呢？他說 ok，我的機會來了，千鈞一髮不能讓他回去，就在這時我請他到公司看產權調查，他問我多少買得到，我說要在 1200 萬，他說太高了他的預算極限設定在 1100 萬，這時一定要他先過來再說，我跟他說先過

來，我再替他想辦法，後來在我的柔情講解後，我跟買方說你的自備有多少，他說 300 萬存了很久才存到，我就跟他說，你目前一個月租金是 2.5 萬，一年要支出 30 萬，再租個 10 年要 300 萬請問划算嗎？我們的小孩漸漸長大，要有自己的空間，我們那麼努力不是要給家人一個完整可避風遮雨的地方嗎？就這樣下斡旋了，先收再來去努力，我常講的一句話，謀事在人，成事在天，也就在每天的回報互動中，努力的過程都讓買方參與，買方一直覺得我們的團隊真的很辛苦，買方他跟我說，宋姐若是談不下來，我們就換別間房子談，不要浪費時間在這間房子，我說不辛苦有您的支持與肯定就是我們最大的動力，我就很自然的跟買方說我不覺得辛苦，您能給自己一個機會，也給我們公司一個機會我一定會全力以赴的，好！即然是要做，就要堅持做到最好，最後真的要感謝我們的團隊事業伙伴專員的支持跟努力，行銷與專員，雙方都要往成交的目標一至性的方向走，才能到達目的地，價格也差距不大，再去做最後的努力調價不用怕，去做就對了，買方價位也加上來，屋主的價位也降談下來，最後成交價落在 1120 萬，也完成買賣雙方委託的價位，當我告知買方委託的價位已到達時，他說倆夫妻還在驚喜中，簽完約又收到買方的感

謝函，真是好開心，此時的心情可以幫買方找到一個家，真的好有成就感，以上是我的分享。

**宋易容**

東森房屋蘆洲仁愛加盟店

土地公不動產有限公司

# 【青年轉業 見證】

102 年 3 月 31 日是我人生的一大轉類點，工作九年穩定收入的職場，瞬間消逝，由於公司長年虧損，不得不選擇資遣員工，而我就是其中一個、、、。

由於多年好友介紹下，選擇進入房仲的領域，雖然聽很多人說房仲不好做，但還是選擇踏入這萬丈深淵。。。。。。哈！現實的比喻，因為我確實是從深淵裡一步一步地往上爬，一步一步艱辛的爬出自己的一片天空，相信很多同業的前輩都會有這番的感受。

《千萬年薪的房仲高手》是我接觸施老師的第一本書，而我在看這本書的時候，是我決定選擇做仲介當天去書局買的，那時我還在原公司等待被資遣，連去上課考證照都還沒，雖然裡面說明了很多房仲業的基本功，在那時的我只能把它當小說般看。

《房仲高手成交關鍵》是我開始上課拿證照時看的第二本施老師的書，這時的我已經對仲介有初步的瞭解，但也都還沒有實戰的經驗，只能說這似乎是一本教科書，教你一些房仲成交要注意的事項，而這些事項都是如何經營買方與賣方的經驗傳授。而這時的我還是把它當小說般看

待。

正式上班後一系列的震撼教育，直到一個月後僥倖的成交第一間房子，這段期間我幾乎忘了老師的這二本書，直到、、、我這第一間成交的買方就在預定交屋的前一天氣憤的跟我說:「你服務這麼差，我不願意來交屋了！」

頓時，我錯愕了！

「成交，才是服務的開始」這句話卻讓我體悟慘痛的教訓，因為自從成交過後，我幾乎打電話不超過 5 通電話，過程回報與關心也都忽略了，我差點失去了寶貴的客戶，更差點讓這成交的案子難產；還好經過店長及時調解，才讓此事順利完成。

《千萬年薪的房仲高手》《房仲高手成交關鍵》施老師的這二本書，現在是我在座位上隨手可得的二本書，無論在我帶看前，或是有機會收斡旋時，都會翻一遍看看一些話術，如何幫屋主守住價格，如何收斡旋前的調價；或者收斡旋金之後，如何與屋主談價，如何辛苦的感動買賣雙方，使屋主願意降價亦使買方願意加價、、、等，還有成交後續的服務，這更讓我切身經歷，勿讓錯誤再次發生，所以我會特別的再翻閱書本，好讓我把服務做得更好。

小說、教科書，不再是了，施老師的二本書的確真正

成為我在房仲業的武功秘笈，直到現在仍是。今天，聽說施老師即將推出第三本書，期待已久的新書終於可以讓我們忠實的粉絲可以大開眼界。

　　在此，要特別感謝施老師，給後輩機會寫這篇文章，也感謝施老師不定時的電話或網路上的慰問與關懷，未來的路還很長，我會再加油的，謝謝！

**雷豐謙**
台慶不動產龜山萬壽加盟店（103/01/01～至今）
永慶不動產林口珍藏未來加盟店（102/4/16～102/12/31）

# 【新人就業 見證】

記得在 2012 年 9 月 25 日，參加施老師的一場演講，當下對於剛進房仲業同時也是社會新鮮人的我而言一切房產相關的新知識、新技巧，甚至一篇文章都非常的新奇，屬於是完全的新生兒階段，我記得當時聽完演講，我還要求我的主管給我時間，我試圖把我所見所學分享給其他同事。

那場演講中，最讓我印象深刻的，除了如何瘋狂的在網站上大串連使自己的名字和自己經營的社區大樓名稱在網路上可被同時搜尋的到之外，應該就是在越來越重視個資法的台灣，如何讓客戶用他們最熟悉的網路找到你，進一步找您服務，當時施老師舉了例子：「國宴」現在是施工期間，把挖地基時的場景拍下來並將照片上傳網站。

我回到辦公室，我麻煩我們的秘書做一件事，給我她放在官網上的影音檔，然後我開立一個 YOU TUBE 帳戶把每一個案件的影音檔都上傳，心想這樣客戶只要用 ya-hoo 或 google 搜尋社區名稱，相關網站或圖片或影片便會跳出來，雖然案件不是靠這樣的方式賣掉，但是至今我仍會接到屋主打來詢價、估價的電話，反而多了和這些屋主

互動的機會。再次提醒，在這個非常重視個資法的社會下業務可多多採取被動的方式跟一些層峰屋主聯繫、進而爭取第一時間的服務機會，以上分享給大家。

劉宜昀
住商不動產　亞洲新灣區加盟店

# 【資深業務 見證】

千盼萬盼終於盼到施老師新書出版，記得剛踏入房仲業看的第一本書！就是施老師的《千萬年薪的房仲高手》也成為我從事房仲業的目標。

從書中學習到房仲的基本功，獲益良多！尤其是書中提到銷售天龍八部：了試出堅調接要成（了解、試探、出價、堅持、調價、接近、要約、成交），更是我從事仲介這四年多來的成交關鍵，之後又看了施老師第二本書《房仲高手成交關鍵》書中提到如何「顧問式行銷」亦是我目前遵循的法則，之後也去上了兩次老師的課，對我的仲介職涯打下良好基礎，真的很感恩，得知老師即將出新書非常興奮，在此發表一點感想，期待老師新書出版！

**潘龍賓**
住商不動產仁愛復興加盟店

# 【兄妹拍檔 見證】

　　這次聽聞施老師即將要推出第三本新書，心理其實充滿著期待，進入房仲業也有三、四年的時間了，經驗的確隨著時間有一定的累積，但藉由施老師的書，我可以發現自己不足或缺失的地方，還記得兩年前有機會上了亮州老師千萬年薪經紀人的課程，老師不藏私的傳授給我們他的專業和經驗，老師說話十分有能量，且非常肯定，還記得老師所教的：無論客戶丟任何問題問你，1、2、3，三秒內一定要不假思索的立刻反應回答，這種應變能力，當下我真的深感佩服，課程結束後，經由反覆的練習，訓練自己的反應，及堅定自信的語氣，真的讓原本不擅和客戶對談的我加了很多的分數，及客戶對我的肯定，心中深深的覺得，好的老師真的會帶你上天堂，期待這次老師的新書能讓我往千萬經紀人更進一步，祝新書大賣。

　　我要大聲的說：「亮州老師的書，買了就對了」。

賴怡達
台灣房屋十期中城特許加盟店

# 【兄妹拍檔 見證】

想起三年前，剛進入房仲業的我一竅不通，對於這個行業沒有方向，也沒有概念。於是，也從事房仲業的哥哥（賴怡達）推薦給我一本書，也就是施老師的書，當時他告訴我：「看完這本書，你一定會知道你該怎麼做」。當我看完了這本書後，我開始有一個大方向，知道要如何啟程我的房仲人生，直到二本書都讀完後，我就一直期待何時可以有機會聽到施老師親自分享他的實戰經驗，很幸運的二年前真的有機會上臺北，上了五堂施老師的課，見到施老師本人的親自分享，真的讓我在業務行為中能充分應用，其中有一令我印象深刻且持續應用，就是：「說故事」，設法串聯一個引人入勝的故事，讓屋主印象深刻，這點常常讓我覺得到最後都能和客人產生共鳴，且話題不會只圍繞著房子價位的問題，因此與每位成交的客戶都能繼續維持著很好的關係甚至也會一直介紹其他的客戶，讓我能有繼續成交的機會。

賴怡婷
台灣房屋十期中城特許加盟店

國家圖書館出版品預行編目資料

房仲高手雲端行銷：運用網路科技創造千萬
收入，APP 虛實大整合／施亮州作.
-- 初版. -- 新北市：世茂，2014.04
面； 公分. -- （銷售顧問經典；77）

ISBN 978-986-5779-31-3（平裝）

1.不動產業 2.網路行銷

554.89                           103004244

銷售顧問金典 77

# 房仲高手雲端行銷：運用網路科技創造千萬收入，APP 虛實大整合

作　　者／施亮州
主　　編／陳文君
封面設計／辰皓國際出版製作有限公司
出 版 者／世茂出版有限公司
負 責 人／簡泰雄
地　　址／（231）新北市新店區民生路 19 號 5 樓
電　　話／（02）2218-3277
傳　　真／（02）2218-3239（訂書專線）‧（02）2218-7539
劃撥帳號／19911841
戶　　名／世茂出版有限公司
　　　　　單次郵購總金額未滿 500 元（含），請加 50 元掛號費
世茂網站／www.coolbooks.com.tw
排版製版／辰皓國際出版製作有限公司
印　　刷／世和彩色印刷股份有限公司
初版一刷／2014 年 4 月

Ｉ Ｓ Ｂ Ｎ／978-986-5779-31-3
定　　價／320 元

# 讀者回函卡

感謝您購買本書，為了提供您更好的服務，歡迎填妥以下資料並寄回，我們將定期寄給您最新書訊、優惠通知及活動消息。當然您也可以E-mail：Service@coolbooks.com.tw，提供我們寶貴的建議。

### 您的資料（請以正楷填寫清楚）

購買書名：＿＿＿＿＿＿＿＿＿＿＿＿＿＿＿＿＿＿＿＿＿＿＿＿

姓名：＿＿＿＿＿＿＿＿ 生日：＿＿＿＿年＿＿＿月＿＿＿日

性別：□男 □女　　E-mail：＿＿＿＿＿＿＿＿＿＿＿＿＿＿＿

住址：□□□＿＿＿＿縣市＿＿＿＿＿鄉鎮市區＿＿＿＿＿路街
　　　　　＿＿＿段＿＿＿＿巷＿＿＿＿弄＿＿＿＿號＿＿＿＿樓

　　　聯絡電話：＿＿＿＿＿＿＿＿＿＿＿＿＿＿＿＿＿


職業：□傳播 □資訊 □商 □工 □軍公教 □學生 □其他：＿＿＿＿

學歷：□碩士以上 □大學 □專科 □高中 □國中以下

購買地點：□書店 □網路書店 □便利商店 □量販店 □其他：＿＿＿＿

購買此書原因：＿＿＿ ＿＿＿ ＿＿＿ ＿＿＿ ＿＿＿ ＿＿＿（請按優先順序填寫）
1封面設計　2價格　3內容　4親友介紹　5廣告宣傳　6其他：＿＿＿＿


本書評價：＿＿＿ 封面設計 1非常滿意 2滿意 3普通 4應改進
　　　　　＿＿＿ 內　容 1非常滿意 2滿意 3普通 4應改進
　　　　　＿＿＿ 編　輯 1非常滿意 2滿意 3普通 4應改進
　　　　　＿＿＿ 校　對 1非常滿意 2滿意 3普通 4應改進
　　　　　＿＿＿ 定　價 1非常滿意 2滿意 3普通 4應改進


給我們的建議：＿＿＿＿＿＿＿＿＿＿＿＿＿＿＿＿＿＿＿＿＿＿＿

＿＿＿＿＿＿＿＿＿＿＿＿＿＿＿＿＿＿＿＿＿＿＿＿＿＿＿＿＿＿

＿＿＿＿＿＿＿＿＿＿＿＿＿＿＿＿＿＿＿＿＿＿＿＿＿＿＿＿＿＿

電話：(02) 22183277
傳真：(02) 22187539

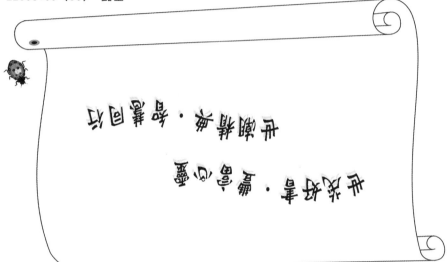

世茂‧世潮‧智富

廣告回函
北區郵政管理局登記證
北台字第9702號
免貼郵票

231新北市新店區民生路19號5樓

世茂
世潮 出版有限公司 收
智富